インド

ノープロブレムへの旅

ひのもと由利子
Hinomoto Yuriko

石風社

ねえ聞いて　インドってこんなに楽しいよ

インドは衝撃の国である。

今回インドに行くのは、いや、インドどころか海外旅行自体が九年ぶりだったので、私は用心して行った。そうしないと日本の感覚のままではショックが大きすぎて、全てが強烈なインドにはとても太刀打ちできないのだ。

それでタイとネパールでそれぞれ一ケ月半づつ過ごしてツークッション置き、ちょっとづつ頭と心を慣らしてから準備万端整えて、もういいかなーと思った頃、やっとインドへ行ったのだ。

しかしそれにも拘《かかわ》らず、やはり、

どっかーん！

とカルチャーショックに見舞われた。

一体何なのだ、この国は！

こんな国は何処にもない。この国は次元が違うのだ。

奇想天外、荒唐無稽《こうとうむけい》。此《こ》の世の天国と此の世の地獄、聖なるものと俗なるもの、平安と喧噪《けんそう》、生と死、美と醜《しゅう》。命バクハツ阿鼻叫喚《あびきょうかん》。何もかもがぐっちゃぐちゃ。

あまりに非常識なのである。

しかし、それはこちらの常識で全てを計ろうとしているからそう感じるだけであり、インドはあまりに違いすぎて、日本から持ってきた、たった一つの物差しなんかでは計れない国なのだ。見たこともないもの、聞いたこともないもの、考えたこともないことが次々と現れて、その度に後生大事に守ってきた物差しが壊されていき、その物差しに当てはめられていた自分も砕けていく。

此の世には全く違う世界があるのだということを、私達は初めて知るのだ。そしてそれは取りも直さず未知の、新しい自分自身に出会っていく旅なのである。

ずーっと眠っていて、眠っていることさえ忘れていて、それどころか眠っている自分がいることさえ知らずに過ごしてきたのに、インドに行くと、その眠っている自分がいたことに気が付いて、自分が眠っていたことを思い出して、そして目覚めていく感じ。

綺麗な国は沢山ある。楽しい国も沢山ある。だけど凄い国はインドだけ。

さあ、おとぎの国の玉手箱を開けて、驚きの、インドの旅の始まり、始まり……。

インド　ノープロブレムへの旅

◉目次

＊登場人物は一部仮名です

インド　ノープロブレムへの旅

ガンガーは流れる ゆったりと

破壊と再生を司《つかさど》るシバ神の支配する町、バラナシに、私は九年ぶりに帰って来た。

何もかもが強烈で、あらゆるものがそのまんまの姿でそこに存在している町。全ての相反するものが口を開けて待っている町。あらゆるものをいっしょくたに混ぜてぶちまけたような町、それがバラナシだ。

全てがそのまんまの姿で存在しながら不思議な静けさと平安の中にあり、そして同時に、凄《すさ》まじいエネルギーが音を立てて渦巻いている。何もかもを生かそうとし、そして同時に何もかもをぶち壊そうとしている町、それがバラナシだ。

ある人はバラナシのことを駄菓子屋と表現した。なるほどと思う。ある人はクレイジーだという。それも当っている。そして私にとっては世界一エキサイティングな町、それがバラナシなのだ。

バラナシ、ここはヒンドゥー教徒たちがガンガー（ガンジス河）を目ざして集って来る、インド最大の聖地である。

思えば私のインドは、ここバラナシから始まったのだ。初めてのインド、それはネパールから国境を越えて入って来たバラナシが最初の町だった。

その時は確か、七、八ケ月ほどあちこちを廻ったのだが、不思議なことに覚えていることは殆どない。砂漠地帯のプシュカルの風の熱さ、ダライラマが住むダラムサラで見た稲妻の美しさ、湖が点在するシュリナガールで食べたサクランボのおいしさ、高度三千五百メートルのレーの空の青さ、そんな程度である。ただ、汽車の中でもらったビスケットに薬が入っていて、眠らされている間に全財産盗まれたくらいが一大イベントで、他は取り立てて印象に残っていることはない。

インドに来たツーリストは大嫌いになるか大好きになるかのどちらかのようだが、だから私は、その時はどちらでもなかった。ただ何となーく行って帰ってきたという感じ。

しかし漠然《ばくぜん》と、この国には又いつか来ることになるんじゃないかという気が、身体のどこかでしていた。

そしてその予感通り、五年後再びインドへやって来た。その時私は友人何人かと中国の西の外れ、ウルムチから帰国すべく東へ向かって旅を続けていたのだが、香港まで来たとき、「ついでにタイにも行こう行こう」ということになり、タイまで来たら今度は「ついでにインドにも行こう行こう」というノリで、回れ右してカルカッタ（現コルカタ）へと飛んでしまっていたのだ。

ただ全く説明が付かないのだが、行こう行こうと口ではしゃぎながらも、その時私の中にあったのは行きたくないという想いだけだったのだ。

チケットを買い、飛行機に乗り、インドに着いても、まるで悪い夢でも見ているようで、今から又インドだと思うと、やっぱりこのままUターンして帰ろうか、とただ気が滅入《めい》っていくばかりだった。

カルカッタの空港で入国審査を受けるときも、鎖で仕切られている向う側の出国カウンターにいるツーリストが羨ましくて仕方なかった。それは多分、今から刑務所へ入っていく人が、出ていく人を見るときのような気持ちだったと思う。あの人達はもう刑期を終えて帰るんだ、私も早く帰りたい。そんな気持ちだった。

じゃあどうして来たんだと言われても、それが私にも全く分からない。ただ、どうしてかは分からないけど行かねばならないと強く感じていて、インドに行くより他に自分が生きていく道は何も考えられないのだった。その時の私には、それ以外の選択肢は何もなかったのだ。それはまるで首に見えない縄でもくくり付けられて何者かにぐいぐい引っ張られているような、そんな感じだった。

有無を言わせぬ力でインドが呼んでいたのだ、としか言いようがない。

カルカッタ、プーリー、ダージリン、バラナシなど、しばらく北インドで過ごしたのだが、その時のインドは心地好いものではなかった。それどころか私はインドが大嫌いになった。店に入ればぼられるし、友達のふりをして騙《だま》そうとするし、男はやたらと身体を触るし、嫌な目にばかり会った。電車は遅れる、宿は汚い。インド人は嘘吐《つ》きだし、いい加減なことをしてはノープロブレム（問題ない）の一言で片づける。全くろくなことはない。

あんまりいじめられるので腹が立ち、今度はこっちもいじめ返すことにしてやった。リキシャに乗るときは十ルピーと言っておいて、降りるときには五ルピーしか払わない。店に入れば商品を全部出させ、値切り倒した揚げ句に買わない。同じ宿のツーリストが、香港かどこかで買った安物の時計をメイドインジャパンと言ってインド人に高く売りつけたときには、同じ宿の日本人全員で応援したものだ。

こうやってインド人をいじめ返せばインドは楽しくなる。決して勧めはしないが。

数ケ月を北インドで過ごして友人は一人二人と帰国し、一人になった私は南インドへ行った。初めての南は全く別の国へ来たような新鮮さだった。民族も宗教も違う。文字も言葉も違う。服装も食べ物も。北のような殺気立った喧噪《けんそう》はなく、町は整然としていて緑に溢れて美しく、人々は穏やかで親切だし、騙す人も全然いない。

これが同じインドなのだろうか。砂漠のラジャスタン地方やチベット系の人の多い地方へ行ったときにも驚いたが、インドって広いんだなぁ、とつくづく感じたものだった。

その後、更にスリランカまで南下し、私は身も心も緩《ゆる》んですっかりくつろいでいた。南インドもスリランカもツーリストは余りおらず、従ってツーリスト擦《ず》れした悪い奴もいない。

ああ、騙す奴のいない快適さ。触る奴のいない快適さ。私はすっかり安心しきって気を抜き、ヘラヘラのプヨプヨ状態になっていた。

だから三ケ月ほど後、また一気に北上してバラナシに入ったときには、私はかなり緊張していた。

駅に着いたら宿までリキシャに乗らなければならない。

バラナシのリキシャは強情で、質《たち》の悪い奴も多い。目はナイフのように鋭く、彼等が客待ちしている姿は鷲か何かが獲物を狙っている様子そのものだ。「××宿まで」と行き先を告げてもそこへは行かず、自分の知っている場所へ連れて行こうとしたり、乗る前に五ルピーと手を打っていても、降りるときには目を釣り上げて二十ルピーだなどと言ったりする。

だから駅を出てリキシャに囲まれたとき、大げさに言えば私は、よし！　とリングに上がったボクサーのような気持ちだった。リキシャはこの客を逃がすかと我先にとカモに寄って来て、十五ルピーとか十ルピーとか幾らでもいいよなどと口々に叫び、リキシャ同士でも争って喧嘩を始めたりしている。

そんな中、一人だけにこにこしながら四ルピーと破格の値段を言った痩《や》せっぽちのお爺さんがいた。

当時四ルピーというのは現地の人の相場で、ツーリストに対しての相場は十ルピーだった。だからツーリストの私に最初から四ルピーということはまず有り得ない。余りに安く言う人は要注意である。こういう場合は取り敢《あ》えず客を取っておいて後で巻き上げてやろうという魂胆で、降りるときに必ず、少ない！　と噛み付いてくる。

しかし、それが分かっていながら、どういうわけか私はこのお爺さんのリキシャに乗ることにした。この時の私の選択も後から考えると不思議だ。必ずモメると分かり切っているのに、どうしてこの人を選んだんだろう。

乗ってしばらく走っていると、どうも道筋から外れて違う所へ連れて行こうとしているような感じがしてきた。そしてある程度走ると、リキシャのお爺さんは一軒のお茶屋の前で、ちょっと休憩していこう、と言ってリキシャを止め、お茶を注文したのだ。

ほら、やっぱり回り道してる。うまいこと言って私にお茶代を払わせようとしてるんだろう。絶対払ってなんかやらないぞ。

お茶屋のおっちゃんと世間話を始めてしまったお爺さんは一向に出発する気配がなく、仕方ないので私もお茶を飲むことにした。まったくのんびりしていること。客を待たせて平気なんだから。

やっと世間話が終わり、自分の分のお茶代一ルピーを払おうと五ルピー札を出したら釣りがないと言う。リキシャのお爺さんは、それならこのお茶屋はワシの友達だから、あんたからリキシャ代をもらった後ワシが払っとくよ、と言うので、そうしてもらうことにした。

再びリキシャに乗り、次第に町の中心に近付いて道は混雑してきた。そして見覚えのある場所に出て、私は無事目的地に着いたのだった。

リキシャを降りて私はお爺さんに五ルピー札を渡した。リキシャ代が四ルピー、さっきのお茶代が一ルピー。それで丁度五ルピー。何と言われようと、それ以上はビタ一文出すつもりはなかった。

はい、五ルピーね、文句ないでしょ、とお金を渡して行こうとすると、案の定背中に、ちょっとちょっと！　と、私を引き止めるお爺さんの声が聞こえた。

ほら、きたきた、やっぱり。

これが連中のいつもの手なのだ。ツーリストを四ルピーで乗せるリキシャなんかいるはずがない。さぁいつもの喧嘩の始まりだ。絶対負けないぞ。ツーリストと見れば騙せると思っているのかもしれないが、私はここにはもう何度も来ている。相場だって知っているし、降りるときにモメるのも慣れっこなのだ。

振り向いた私は多分好戦的な顔をしていたと思う。

しかし次の瞬間私が見たものは、全く私の想像を越えたことだった。

お爺さんは私に向かってにこにこ笑って合掌し、ナマステー（ごきげんよう）と言ったのだ。それは全くあり得るはずもないことだった。本当ならそこにあるのは、目を釣り上げて私に食ってかかってくるリキシャマンの姿のはずなのだ。

パッシーン！　と身体の中を稲妻が貫《つらぬ》いたような衝撃だった。

ナマステ？　合掌？　笑顔？　この人は何をしているのだ？　今からいつもの、見物人を巻き込んでの言い争いが始まるのではなかったのか？

何てことだ。リキシャというのはぼるものではなかったのか。

何てことだ。インド人というのはツーリストと見れば騙すものではなかったのか。

私の中のインドのガイドブックにはそんな人は載っていない。インド人というのは、狡《ずる》くて意地悪で嘘吐きで、全然信用できない人種のことではなかったのか。

だから私はインドを旅するときは、ぼられないよう、騙されないよう、貧乏くじを引かないよう、いつもいつも気を張って用心していたのだ。

なのに、ずっと疑いの目で見て、金さえ渡せば文句はないやろという態度の客に、このお爺さんはこぼれるような優しい笑顔を返してくれた。そしてその瞬間、私の着ていた鎧《よろい》は弾けて飛んだ。

そうだった。

負けてたまるか。だまされてたまるか。馬鹿にされてたまるか。私は自分でも気付かないうちに幾重にも重い鎧を着込んでいたのだ。しかし、その鎧はその存在を発見すると同時に現れ、そして次の瞬間には、さわさわと風に吹かれるように消えてなくなっていった。それまで私は知りもしなかったのだ、自分が鎧を着ていることとさえ。

それは初めてインドが、どっかーん！ と扉を開いた瞬間だった。

そして一度弾けたインドは次々とそのベールを脱いでいった。私は毎日生まれ変わっていった。何となく親切にしたくなる人、何となく意地悪をしたくなる人。インド人は相手から受けるその時々の印象そのままを行動に移す。

騙されたらどうしようという不安。騙されてたまるかという怒り。それらは騙してやろうとする人を引き付ける。心の中に不安や怒りがあると、それ自体がエネルギーとなって、それを満足させる出来事を自分で生み出すのだ。

私達は日本でいつも競争して戦っているから、負けてはいけないと思っているから、少しでも自分の有利になるように事を運ぼうとしているから、相手は全て敵に見える。誰が騙そうとしているのか分からない。だから騙されないよう、初めから人を疑ってかかっていたから、皆悪い人に見えた。だけどそんな疑う心を外して素直な心になったら、相手のことがはっきりと分かるようになった。

人間は誰でも自分の心で作り出した色眼鏡をかけていて、赤い眼鏡をかけていれば世界は赤く見える。青い眼鏡なら青く見える。だけど、その色を透明に近付けていったら本当の色が見えてくるのだ。そうか、そういうカラクリだったのか。

人は自分の目を通してしか世界を見ることができない。要するに投影《とうえい》された自分自身の姿を見ているだけなのだ。

インドというところは、どんな小説家の想像力も及ばないくらいに余りにいろんな人がいて、まるで人間の動物園のような国だ。此《こ》の世のものとは思えないような聖人から、逆立ちしても理解できそうにない奇人まで、人間の見本市の様にいろんな人が揃っている。

そんな中で、それまではずっと嫌な目にばかり会ってきた。しかし嫌なはずのインドで、それまでも随分助けられてきたことを私は思い出し、そして実は助けられたことの方が圧倒的に多かったのだと気が付いたのだ。

どれだけの多様な側面があっても、その中から自分の心に引っ掛かったものだけを拾い上げ、そこだけに焦点を当ててクローズアップして、これがインドだと決めつける。世界は自分が認識した通りのものなのだ。

何人かの嫌な人に会うとそれにばかり心が引っ掛かって、インドは嫌な人ばかりの国と思い込んでしまう。しかし実はそういう人はほんの一部で、本当は良い人の方が多いのだと気付くと、インドは良い人ばかりの国に変わった。そうだ、それからインドでは良い人ばかりが現れるようになったのだ。

男性は女性には親切なものだと思い始めたとき、男性は親切になった。人間は助け合うものだと思い始めたとき、助けてもらえるようになった。こちらが心を開いた分だけ、インドも又扉を開けてくれるのだ。

こちらの心がそのままスクリーンに映し出されるように、インドは魔法のようにその姿を変える。この国はまるで奇跡のような国だ。

これがインドだと思っていたものが変わっていく。これが世界だと思っていたものが変わっていく。私自身が変わっていく！ 歪《ゆが》んでいたのは世界ではなかった。自分の心だったのだ！

私は自分が光の中にいるのを発見した。そして本当はずっとずっと光の中にいたのだということを発見したのだ。

ああ、ああ、何てことだろう。世界はこんなに明るくて優しかったなんて。

万歳インド。降参インド。両手を上げてこう言おう。

これまで随分いろんな国を旅してきた。ああ、だけど私はもうどこにも行かなくていい。この国だけは他のどの国とも違う。

私は来るべくしてここへ来た。そうだ。私は本当はどうしてもインドに来たかった。私はここに来なければならなかったんだ。

インドは毎日新しい扉を開けていった。一つ扉を開けるとまた次の扉が現れ、私は毎日毎日解放されていった。

そしてその最初の扉が開いたのが、ここバラナシだったのだ。シバの町で古い私は死に、又新しく生まれ変わったのだ。

私は今でも信じている。あの時のリキシャのお爺さんは神様の化身だったのだと。

九年ぶりに訪れたバラナシで、宿に落ち着いて荷物を解いたら、さっそく懐かしい町へ散歩に出掛けてみた。

ガンガーの周りのこの古い町並みは昔と全然変わっていない。二千ものお寺があるという石畳の古い町は、まるで中世にタイムスリップしたようだ。

そこここのお寺からは鐘の音や神様を讃《たた》える歌が聞こえてきて、迷路の様に入り組んだ細い路地では、ガンガーへ向かう巡礼たちとガンガーから帰ってきた巡礼たちが行き交っている。

道を歩いていると、あちこちの店から音楽が流れてくる。それは昔とちっとも変わっていないインドの音楽で、私はひどく嬉しかった。

今回インドに来る前にタイとネパールにも寄ったのだが、タイの小さな島もネパールの山奥もすっかりリゾート地に変わってしまい、どこも西洋のロック音楽に乗っ取られてしまっていたのだ。土地の人はツーリストに仕える召使いのようになり、お金を手に入れて目の輝きを失っていく。

日本でも街に買物に行くと、店の中はどこも雑音としか聞こえないような若者向けのラップだか何だかの騒音が流れ、私にはとても聴くに堪えない。日本では世代によって好まれる音楽が違うのだ。

しかしインドでは、今でも老若男女が同じゆっくりしたインド音楽を聴いているようだ。しっかり自分達の文化に誇りを持ち、世代の断絶もないのだろう。その国で聴かれている音楽のリズムの早さは、その国の時間の流れ方と同じスピードである。

嬉しく思いながら道を歩いていると、

「又帰ってきたのか」

「久しぶりだな、随分長い間来なかったね」

と、何人もの人に声をかけられて驚いてしまった。

バラナシは一大観光地だから、ツーリストは入れ代わり立ち代わり詰め掛けているはずなのに、九年も来ていない私を何と沢山の人が覚えていることか。

殆どの人とは再会を喜びあったが、中には全然記憶にない人もいて私は内心冷や汗ものだった。なんせ昔はインド人いじめて遊んでたからなぁ。やっぱり悪いことはするもんじゃない。

メインのガートまで来たとき、土産物屋の客引きをしている顔馴染《なじ》みのインド人にも再会した。彼はいつもこの辺に立ってツーリストに声をかけているのだった。

ガートというのはガンガーに続く沐浴《もくよく》場のことで、階段状の広場のようになっている場所のことだ。祭りの時ともなるとガートはインド中から集まって来た人々で埋め尽くされ、人々は皆ガンガーに身を浸して祈りを捧げる。

ナマステ（こんにちは）と言うと彼は嬉しそうに笑って握手を求め、「久しぶりだな。何年になる？　五年か、十年か？　今回はどれくらいいるんだ。今どこに泊まってる？」などと話している間、ずーっと手を握ったままなのだ。そうだった。この男は九年前からばったり出会う度にナマステと握手を求め、そしてその手を離さないのだ。

まだ同じことやってるのか。進歩ないのね、アンタ。

見覚えのあるピーナツ屋にも会った。頭の上に篭《かご》一杯のピーナツを乗せ、彼等はひょいとその篭を下ろして持ち運んでいる台の上に置き、気が向いたところで商売を始める。

九年前、私はいつもその同じピーナツ屋から買っていたのだが、何故か彼は何度目かにいきなり私を騙そうとした。その日は急な物入りだったのか何なのか知らないけど、全くインド人のすることはよく分からん。馴染みの客を騙そうという発想そのものがよく理解できないし、又騙せると思っているのも理解に苦しむ。

とにかく、すっかりおじさんになってしまったそのピーナツ売りにも再会した。懐かしく思って三ルピー分買おうと思ったら、彼は小さな計りで計ったピーナツを紙の袋に入れ、十ルピーと言って私に押し付けようとしたのだった。三ルピーでいいって言ったのに。まだ同じようなことやってるんだなぁ。

人間って九年くらいではあまり変わらないのだろうか。こっちの覚えていないインド人さえ私を見てすぐに分かったくらいだから、この分じゃ私も変わっていないのだろう。何となくがっかり。いや、ここはいつまでも若々しいということだと解釈しておこう。

ガートをプラプラ歩いているときネックレス売りの親父にも会った。私は昔、この親父からネックレスを買ったことがあったのだ。その時私は、多分いつものようにガートでガンガーを眺めながらお茶でも飲んでいたんだろう。

ガンガーは不思議な魅力がある河だ。この河はまさにインドそのもののような河だ。神秘的で優しくて力強く、常に悠然《ゆうぜん》と流れている河。

何が起こっても全てを呑み込んでどろどろに溶かして再生するような、そんな力を感じる河。ヒンドゥー教徒たちがこの河で沐浴すれば全ての罪が洗い流され、又、死んでこの河に灰を流してもらえれば解脱《げだつ》へ至り、再び輪廻《りんね》の輪の中には帰ってこなくていい、と信じている河だ。

そして、それはきっとそうに違いないと思わせる何とも言えない迫力が、この河にはある。ガンガーはあらゆるものを存在させ、そして生も死も受け入れる。ここでは時間が止まったように、まるで同じ場所でぐるぐる回り続ける輪のように、あらゆるものはただ形を変えながら存在し続けている。変化しながら存在し、そして何も変わろうとしていない。死からは再生が生み出され、再生はまた死に至る。

ツーリスト達もガートへと吸い寄せられて来る。ガンガーには人を引き付ける不思議な力があるのだ。

といっても、ガートで特別何をするというわけではない。ただガンガーを眺めてゆったりとくつろいでいるだけだ。だから朝夕気持ちの良い時間帯は、あちこちツーリストで賑わっている。

親父は、そういうツーリストに寄っていってはネックレスを売り歩いているのだった。そして私にもお土産はどうか、と声をかけてきたので、私はちょっと冷やかすつもりで遊んでみたのだ。

親父は左手の五本の指全てにそれぞれ違う種類のネックレスを掛け、手首から肘までもだんだんに何種類かのネックレスを掛けていた。重さは二キロあるらしい。そうやって自分の腕を店にしてガートを歩き回り商売しているのだ。

私にしてみればただの暇つぶし、買っても買わなくてもどちらでも良かった。ただ左手一杯にネックレスをジャラジャラいわせてやってきた親父を見て、うわ、やっぱりインドて変な人おるねー、と思って、百ルピーとかなんとか吹っ掛けてきたのを、からかい半分に五ルピー位に値切ってただの冗談のつもりで買ったのだ。それが欲しかったわけではない。

ガートにいると常に誰かが寄ってくる。何かを売ろうとする人や何かの客引き。お茶をねだるサドゥ（行者）や好奇心一杯の外人好きの人。物乞いやただの暇人。いつも向こうから何かがやって来て絶対退屈はしない。必ず何かに巻き込まれるのだ。

私にとってバラナシはオモチャ箱をひっくり返したような街。そしてこの親父はそんなオモチャの一つだった。

暇な時間を過ごしている時に、向こうから、あそんで、といってオモチャがやって来たので、ちょっと遊んでやっただけの話だ。

しかし九年ぶりに戻ってきて私は驚いた。当然といえば当然だが、親父は九年前と全く同じ格好でネックレスを売っていたのだ。

まだやってたのか親父！

私はこの九年間、実にいろんなことをやってきた。会社に勤めたり、年末のアルバイトに郵便局に行ったりして、その度にいろんな経験をした。お四国に遍路にも行ったし、奈良に気に入った神社を見つけて通ったりもした。京都に住んでみたり、太極拳を始めたり、山の会に入って山歩きにも出かけた。

私がこれだけいろんなことをしている間、この親父は毎日ガートを歩きまわってネックレスを売っていたのか。

私はこの時初めて分かったのだった。この親父にも生活があるのだ、という余りにも当り前のことが。

親父は毎日左手に二キロのネックレスを掛け、カンカン照りの日も凪の日も（雨の日はやってないだろう、やっぱり）、ガートを歩き回って新しいツーリストを捜し、一人一人に当ってはネックレスを売っていたのだ。客は私のような奴がほとんどのはずだから、粘ったあげく空振りすることの方が多いだろう。たとえ一本売れたとしても、それがどれだけの儲けになるというのだ。親父は常に目一杯手の平を開いているから、もしかしたらそのままの形に固まっているかもしれない。常に左手に重いものを掛けているので、背骨も少し歪んでいるだろう。

親父はオモチャなんかじゃなかった。彼は彼の人生を生きていたのだ。

親父のネックレスは全て家族の手づくりで、彼はもう二十年この仕事をしているそうだ。かーちゃん家で内職してとーちゃん外に売りに行く、と。きっと息の合った夫婦なんだろうな。この夫婦はこの仕事で何人の子供を育て上げたんだろう。私の頭の中には、貧しいながらも楽しいわが家で、家族に囲まれている親父の幸せな生活が浮かんできた。

私はこの親父の頭がすっかり真っ白くなっているのに気が付いた。

生きる、というのはこういうことなのか。

最近日本人のツーリストが増えたからだろう、親父はいくつか日本語の単語を言ってみせてにっこり笑った。

この親父は偉い人だ、たとえうだつがあがらなくても。


久しぶりのこの街には、しかし会いたくない奴もいた。

そいつは、やっぱり私がガートでガンガーを眺めながら良い気持ちでお茶を楽しんでいるとき、いつもそばに来るのだった。

彼はいつも赤と白のしましまの服を着て、ズダ袋に絵はがきを入れて、それを売り歩いていた。絵はがきは端っこが曲がっていたり、しわがはいっていたり、色が褪《あ》せていたり、汚なかったので私は一度も買ったことがない。何も買わないと分かっているのに、どういうわけか彼は私がお茶を飲んでいる時いつも隣に来て座る。そして、

「ギブ　ミ〜　ワンルピ〜」

と言って恨めしそうな目で私を見て、ずーっと横に座っているのだ。

私はこの男が大嫌いだった。この男が隣にくると身体は固まり、額からは冷や汗が出て来た。それはほとんど蛇に居座られて睨《にら》まれ続けているカエル状態だった。お金を上げてとりあえず追

い払っても別の日また味をしめて来そうだし、かといって逃げ出してしまうのも何だか悔しいので、私はひたすら宙を見据えて無視するしか方法がなかった。

私は彼のオーラが、何とも言えず気持ち悪かった。それは、どうしてくれないんだ、うらめしや～、という強力否定のエネルギーで、私のオーラの領域にじわじわと浸透してくる。私は彼と口をきいたり、目を合わせたり、いかなる方法でも接触を避けたかったので、ただ固まったまま彼が早く立ち去って行くのを祈るばかりで、彼は彼で、くれるまでは動かないぞ、うらめしや～、と相手の不愉快さを見越したふてぶてしさがあった。

思うに、此の世には二種類の人間がいるのだ。与えようとしている者と貰おうとしている者である。

食堂で何かを食べている時に、手を差し出し恨めしそうな目をして見つめる乞食が来たりしたら、私はひどく不愉快な気持ちになる。それは私に、自分だけが食べて悪いことでもしているような気にさせる目なのだ。どうして食事という日常の生きるための営みに罪悪感を感じなければいけないのか。殆どの人は人の喜ぶことをしてお金を得ようとしているのに、中には人を嫌がらせて貰おうと思っている人もいる。

そして僅《わず》か一ルピーだが、彼の取ってやろうとしているその雰囲気が私は恐かった。

しかしその男にも又会ってしまった。

彼はもう絵はがきを売っていなかった。驚いたことに、彼はオレンジ色の腰巻きをまいてサドゥもどきになっていたのだ。

同じ一ルピーもらうのだったら、ただのＴシャツを着ているよりオレンジの腰巻きをしていたほうが割がいいと気付いて、見た目だけのサドゥに即席変身したのだろう。彼の恨めしオーラは昔とまったく同じで、何ら修行とか悟りの痕跡を感じさせず、外見がどう変わっていても中身は昔と同じ、取ろうとする人、だったから。

九年という年月が流れたのに私の身体は彼を見た途端にやっぱり固まってしまい、彼は固まった私のほうに昔と同じニコリともしない目で近付いて来て、

「ドゥ〜　ユ〜　リメンバ〜　ミ〜」

と、恨めしそうに言うのだった。九年もたったのにアンタはまだ付きまとおうとするのか。

私の隣に昔と同じようにその男は座り、

「ギブ　ミ〜　ワンルピ〜」

と言って、また恨めしそうな目でじーっと私を見つめている。

彼からは喜びや感謝や希望や、そういう建設的なものをいっさい感じなかったから、多分いつもこういう風に誰かの側に行っては嫌がられているんだろう。そして彼は益々、どうしてみんな自分のことを嫌うんだ、うらめしや〜、と怨念《おんねん》を育てているんだろう。そういう彼が考え出したのがサドゥの衣を身にまとうことだったのかもしれない。サドゥになれば敬《うやま》ってもらえる……。

彼がどういう生活をしているのかは知らないが、それでも彼はどうにかこうにか、「ギブミーワンルピー」の恨めしパワーで生き延びてきたのだ。

全てを受け入れ生かそうとするインドの、ガンガーの為せる業《わざ》かもしれない、とふと思った。

バラナシは火葬場のある町として有名である。というより、この町自体が火葬場のためにあるのだそうだ。

私はある時、別の町で偶然火葬場に遭遇したことがある。海岸を散歩していた時、二、三ケ所焚火《たき》をしているのを見つけたので、芋でも焼いているのかな、と無防備に近寄って行ったら、目の前で人間の顔が燃えていたのだ。心の準備ができていなかった私は、腰をぬかしそうになってしまった。

どうして死体なんか焼いているのだ。焚火の中にあるのは芋だと相場が決まっている。私はたまに自分が今いるのはインドだということを忘れてしまうのだ。

そこはインド人の行楽地で、すぐ横には観覧車なんかがあって子供が走り回っているのに、何もこんな健全なところで焼くことはないだろう。

日本では人間の死というものを隠そう隠そうと努めていて、日常生活の中で出会うことはまず無い。せいぜい町を走る霊柩《れいきゅう》車や、お葬式があっている家の前におかれている菊の花程度のものだ。日本では死というものは、臭いものには蓋《ふた》をしろとでもいうように、なるべく人目に触れないように闇から闇へと葬り去ろうとしているように見える。本当はそんなものは存在しないのだとでもいうように。

しかしインドではこんな公共の場で、それこそ芋でも焼くみたいに堂々と死体を焼いていて、それを周りのインド人は露《つゆ》ほどにも気にしていない。彼等にとっては死は別に隠すものでも何でもなくて、日常にある普通のことのようだ。そしてそれは実際そうなんだけど。

日本では死というものを不幸という言葉で表現するように、それはまるであってはいけないことのような感覚で捉《とら》えられている。

だけど本当にそうなのだろうか。どうして誕生がめでたいことで死は不幸なことなのだろう。

人間は生まれれば必ず死ぬ。それはつまり死刑を宣告されて生まれてくるようなもので、生まれたときから死ぬことは分かり切ったことなのだ。生まれてきたときに、ああ、この子はいつか死ぬ、と嘆く人は誰もいないのに、どうしてその当り前の、誰にでも訪れる死がやってきたとき不幸だと思うのだろう。死ぬ人と死なない人がいるのなら話は分かるが、今だかつて死ななかった人はいないのに。

赤ちゃんはどうして生まれてきたとき大声で泣くのだろう？　生まれた途端に泣くのは人間だけではないのだろうか。それは多分、此の世に生まれてきたことが嬉しくて嬉しくてたまらなくて号泣しているのではないだろうか。たとえいつか死ぬと分かっていても。

バラナシの町を歩いていると、一日に何度も、ラームナームサッチヘイ（神のみ真実）、と言いながら担架《たんか》に乗せられた死体が運ばれていくのに出会《く》わす。それはここの火葬場で焼かれ、灰はガンガーに流される。ヒンドゥー教徒達は、その灰をガンガーに流してもらえれば解脱できると信じているのだ。

そして彼等にとっては、このバラナシで死を迎えることが至上の幸せとされているようで、ここで死を迎えようとする人々が過ごすための施設も多くあるらしい。そして貧しい人達は物乞いをしながらただひたすら死ぬのを待って、死ぬのを待つために生きる。

メインのガートへ至る階段には、ずらりとそういう物乞いが座っている。

私は時々不思議に思う。ここに座っている人達はどうしてこんな境遇にあるのだろう。どうして死に臨《のぞ》んで家族もいないで一人ぽっちなんだろう。今まで築いてきた人間関係の中で、どうして彼等と共にいようとしてくれる人は現れないのだろう。こんな生き倒れのような死に方をする以外に、彼等の人生はあり様がなかったのだろうか。

そんな物乞いの横を、死体を乗せた担架が通り過ぎる。ラームナームサッチヘイ、ラームナームサッチヘイ、と言いながら。

神のみ真実。

私にはそれがどういう意味なのか分からない。ただ漠然と感じるのは、インド人は死というものを受け入れているようだ、ということだけである。

神のみ真実。

そう言い切れるインド人の、この揺るぎない信仰心はどこから来るのか。

生まれてくることも死んでゆくことも、それは全て神様の御手の中にあって、だから彼等は神様に全てを預けているのではないか。この世界には確かに神様がいて、誕生と同様、死さえも神様の思《おぼ》し召しなのだ。そもそも人間は最初からそのように創られているのだから。だから彼等はそれに抗《あらが》おうとはせず、自然にあるがままに自分の運命を受け入れ、死さえも肯定《こうてい》しているように見える。彼等は死にたくないとは思っていないようなのだ。

死んだらどうなるか分からないから死ぬことは恐いし、自分の大切な人が死ぬことは悲しい。だけどそれは、不幸なことではないのだ、きっと。

ヒンドゥー達はやって来る。インド中からガンガーを目指して集まってくる。

それはあたかも死を予感した象が自ら墓場へ赴《おもむ》くのに似て、人々は自分の死が近いのを感じたとき病院へ入って延命治療をするのではなく、死ぬために、ここバラナシへやって来る。

医療が発達していないので延命の見込みなどないだけなのだろうか？　あるいは病院にかかるお金がないだけなのだろうか？　だけど彼等を見ていると、そんな諦《あきら》めだけでは説明できない何かを感じる。信仰の力というものを認めざるを得ない気にさせられるのだ。

最近はインドにも神様なんか信じないという若者が増えてきているらしいが、どう考えてもこの国は神様無しには説明がつかない。

火葬場のために造られた町。人々が死ぬためにやって来る町。そして解脱を信じて人々が遺灰を流して欲しいと願っている河。

こんな場所はどこにもない。多分世界中のどこにもない。

インド人の何という信仰の篤《あつ》さなのだろう。そして解脱することを至上の喜びと考えている人も、この地球上にいったいどれくらいいるというのか。

これだけの人が信仰している河に力がないはずはない。この河はただの河ではない。インドからガンガーが消えてしまったら、それはもうインドではない。インドはガンガーがあるからインドなのだ。そう思う。

ガンガーは流れる。全てを呑み込んで、ゆったりと。

バラナシの火葬場では二十四時間死体が焼かれ続けている。そしてツーリスト達はカメラ片手に火葬場へと見物にいく。

しかし彼等の中には初めて見る火葬場の光景に興奮して、あ、燃えてる燃えてる、なんてはしゃいでいる人もたまにいて、すぐそばで悲しみにくれている家族のことを思えば少し無神経なのではないか、と眉をひそめたくなることがある。

私達は初めて人が死んでその身体が燃やされて灰になるという日常と対面する。その灰さえガンガーに投げ入れられて、後には何も残らない。それはいくら頭で分かっていても、余りに衝撃的な光景である。

ガンガーは何も言わずただ流れている。今迄何も起こらず、今も何も起こっておらず、これからも何も起こらないとでも言うかのように。

この町に火葬場があるせいなのかどうなのか、バラナシという町は少し現実離れしている。この世とあの世の境があいまいで少し入り混じっているような、どこまでが現実でどこからが非現実なのか分からなくなってくるような感じなのだ。何だか自分が異次元に紛れ込んでしまったかのような錯覚を起こさせる町なのだ。

ラームナームサッチヘイと声が聞こえてくる。

自分が確かに此の世に生きているということが信じられなくなってくる。

結婚式のシーズンともなると、道を歩けば結婚のパレードに出会《く》わして町全体がお祭りの会場のようになる。それは派手なパレードで楽団は割れんばかりに音楽を演奏し、きらびやかな衣装を着た新郎新婦は象に乗って町を練り歩いたりしている。少女漫画なんか読むと、いきなりヒロインの女の子のバックに花が溢れたりしているが、まさにあんな感じなのだ。結婚のセレモニーは何日もかけて執《と》り行われるらしく、あっちでもこっちでも夜通し大騒ぎをしていて、こちらまで浮かれた気分になってくる。昼は仕事して夜は宴会して、インド人は一体いつ寝ているのだ？

シバの町バラナシではシバの誕生日を盛大に祝う。シバは首にコブラを巻き付けていて、だから祭りの日にはコブラ使いがやってくる。

前日まではいつも通りのバラナシなのに、祭りの当日になると魔法のようにいきなりあっちもこっちもコブラ使いだらけになり、それは楽しい。

昔はいたなぁ、日本にも祭りになるとどこからか現れる、ガマの油売りとか、バナナの叩き売りとか、大道芸人とか。堅気《かたぎ》の仕事に就こうとせず、人をおちょくったようなわけの分からんことして食べているうさん臭い人や、何の仕事もせず、誰かの世話になって結局生きている人なんかも、昔はいた。コブラ使いなんか究極の変だ。自分でダンスしないで蛇にダンスさせて食べていこうなんて考えてるんだから。

町を歩けば、あっちからもこっちからも蛇使いの笛の音が聞こえる。こんなインドが大好き。

蛇と言えば、蛇に噛まれて死んだ人は焼かずにそのままガンガーに流すと聞いた。サドゥと子供と妊婦だったか忘れたが、他にも何かの理由で死んだ人は焼かない場合があるらしい。

だから舟に乗って良い気持ちでガンガー散歩なんかしていると、たまに死体が浮いていて、そんな時は慌てて目を逸《そ》らすのだ。わわ、見なかった、そんなもの絶対見なかったよ。

日本みたいに死を隠し過ぎるのもどうかと思うけど、こんなに当り前に目の前に死体が現れると焦ってしまう。

死体が浮いている河で今日も人々は祈りを捧げ、沐浴する。インドだ。


ガートでは大きな傘を立てたバラモンが、沐浴に来た人達に祝福の儀式らしきものをしたり説法したりしている。ガンガーに祈りを捧げるときの、花とろうそくの載った小さな葉っぱのお皿を売っている子供たちもいる。

巡礼はガンガーに身を浸すためにやって来る。メインのガートのあたりは、いつもそんな巡礼達で賑わっている。

沐浴というのはインド人にはなくてはならないもののようで、ロンドンに住んでいるインド人はテームズ川にガートを造れと騒いでいるそうだ。

ガートは巡礼達が沐浴するほかに、ここに住む人にとっては生活の場、遊びの場にもなっている。ここは車は入って来ない、いわゆるホコ天だから、市民の広場、公園のような役割も果たしているのだ。

少し離れたガートに行くと、水牛曳《ひ》きが何十頭もの水牛に水浴びさせているし、洗濯屋はガンガーに入って、ひたすら服を石に打ち付けて洗っている。天気の良いときはガートの上には色とりどりの洗濯物の花が咲いて、風にはためき美しい。

ガートの幅が広いところでは、子供も大人も大騒ぎしながらクリケットらしいゲームに興《きょう》じているし、凧上げに夢中になっている人も多い。気持ちの良い時間帯にはガートの上で昼寝したり、ただ何となく過ごしたり、おじさんたちがたむろして世間話をしたりしている。時間は、ガンガーの流れと同じくらいゆっくり流れている。

毎日が日曜日のようだ。

ガートは不思議な平和の中にあって、ガートにいくつかあるお茶屋に座って、ただ、ぼーっとガンガーを眺めているだけで、ゆったりとゆったりとどこまでも深く深く、心の中に静かな喜びが広がっていく。

生まれてからずーっとここにいて私はどこへも行かず、これからもずーっとここにいるような、不思議な感じがしてくる。

よくガートのお茶屋に座って、ガンガーと、その上にどこまでも広がる空を見て過ごした。

同じ宿の隣の部屋に泊まっているトモコさんが言った。

「人間って、いつも見ている距離って大切よね。どこを見ているかも」

本当にそうだ。都会の狭いアパートの中で暮らしている私が普段見ている距離は、せいぜい半径三メートル程度。ついでにいつも何かしているから下を向いていて、遠くを見ることも上を見ることもほとんどない。

子供の頃はよく寝っ転がって空を見ていたなぁ。そうすると自分の心が空のように広々と、高く高く、どこまでも果てしなく広がっていく感じがした。多分その時、心は未来へ向かって飛んでいってたんだろうなぁ。空を見ることって大切なことなんだなぁ。

考えたら身体が小さかったせいか、子供の頃はよく上を見ていた。それが年と共に視線はだんだん下に落ちてきてしまう。上を見るってことは、希望に溢れた夢の未来を見つめるってことなんだ。空を見上げるだけで又心の中には明るい希望が湧いてくる。

ああ、長いこと忘れていた。いつでも目線を上げさえすれば、空はそこにあるのに。

空があって、河があって、ここにいると世界は永遠に回りながら永遠に何も起こらないのだという感じがしてくる。そして心の中にも平和が満たされて、全てが信じられそうな気持ちになってくる。

空の下では、石鹸を塗りたくってガンガーで身体を洗っている人や、水遊びをしている大人や子供の声が聞こえる。彼等はガンガーの、神様の懐《ふところ》に抱かれているのだ。

ラームナームサッチヘイと声が聞こえてくる。自分は確かに生きて今ここにいる。ああ何て素晴らしいんだろう。


毎日夕暮れどきになると、メインのガートではアーティという盛大な火の礼拝が行われている。そこに集まった人々が皆ガンガーに祈りを捧げ、共に歌を歌う。

アーティババのガンガーに祈りを捧げながら火を振り回すその姿は荘厳《そうごん》で美しく、チャカチャカ鳴る金属の楽器や太鼓の音は激しく、最後に皆で歌う歌には毎日通っていても感動する。

インドでは職業は世襲《せしゅう》が多いようだし、アーティババって言う呼び方があるからには、そういう特殊な家系の家が代々継いでいるのかなぁ。手に持った火をゆっくり振り回すだけの動作がそれは美しく、私は毎日見とれてしまう。

こんなパフォーマンスをやってるなんて、インドは実に洒落《しゃれ》ている。彼等はガンガーを讃えている。そしてあらゆる神様の名前を呼んで感謝を捧げる美しい儀式だ。

たまに泣いているツーリストを見かけることがある。それは多分、このアーティによって彼等の鎧が砕けた瞬間なのだ。彼等は自分の中に閉じ込められていた見知らぬ自分を見つけたのだろう。今まで無視し続け、否定し続け、あるいは忘れていた自分の中の本当の自分に出会ったんだろう。

そんな時私は、良かったね、あんたも分かったんだね、と遠くから祝福するのだった。きっとガンガーも喜んでくれるよ。

私にとっては、このガンガーこそがインドである。たとえ他のどんないろんな面があっても、その多様なものが全て集約されているのがここガンガーなのだ。

こんな聖地は他にはない。ここは次元が違うのだ。

バラナシの人は誇り高くて、俺はバラナシに生まれて世界一ラッキーだ、と胸を張る。

神様だけが真実のこの世界だから、何が起こっても神様に全てお任せして、今自分に与えられたこの場所で根を張って生きていく植物のように、地に足が着いている。

今日も死者が運ばれてくる。ラームナームサッチヘイ、ラームナームサッチヘイ、と言いながら。

神のみ真実という言葉が頭の中でぐるぐる回る。

あの死者たちの魂は、彼等の望み通り輪廻から解放されて、炎と一緒に天へと舞い上がるのだろうか。

そんな出来事を全て呑み込んで、ガンガーは流れている。ゆったりと。

五才の子供

日本の常識とインドの常識は余りに違いすぎてインド人のすることはどうもよく分からないが、彼等を五才の子供と思えば大体理解できるようだ、と今回初めて気が付いた。

インドは極端から極端までの、あらゆる価値観が混在する国だ。多様なものが多様なまま存在する国なのだ。多民族、多宗教、多言語のこの国には、こうじゃないと存在していてはいけない、というものがない。一つにまとめあげようとしていないこの国では、どんな考え方も、どんな生き方も許されるようだ。たった一つの価値観が幅をきかせて全員で右へならえして、そこからはみ出した人を常識がないと呼ぶ日本とは違うのだ。

そういう意味で、インドはｍｕｓｔ（こうあるべき）が存在しない国である。ｗａｎｔ ｔｏ（こうしたい）だけで成り立っている国である。こうでなければならないという規格が何もない国である。

そしてインド人は、今ここを最大限に楽しむことの天才なのだ。

あるとき私は町の中でバスに乗っていた。

場所にもよるが、バラナシの道なんか車も自転車もリキシャもスピードの違うものがぐちゃぐちゃに混ざりあって、ぐちゃぐちゃのままびゅんびゅん飛ばして走っている。その上、牛まで混ざっている。これぞ正にインドの道、秩序《ちつじょ》も何もあったもんじゃない。車線なんてものも無く、我先にトロいものを追い越しながら走っていくから、見ていて危なっかしいったらないのだ。それでも事故を起こしている車を見かけたことは今までないから、多分運転はうまいのだろう。

そんなぐちゃぐちゃの町の中でバスに乗って窓際に座っていた時のことだ。どこからか、ハロー、ハロー、と大声で私を呼んでいるような声がする。見てみるとバスの横にぴったりくっついてバイクが走っていて、そのバイクに乗った若いお兄さんが私の方に向かって怒鳴っていたのだ。

どうしたんだろう、何か用事かな、と思って窓から身を乗り出すと、彼は嬉しそうな顔をしてこう言ったのである。

「フェア　ドゥー　ユー　カム　フローム?」

嘘だろ。この人。

命懸けでそんなこと訊くなんて。

危ないじゃないの。そんなことが知りたくて、彼はこんな恐ろしく混雑した道の真ん中でバスにぴったりくっついてよそ見しているのか。そんなことを、こんな危険を冒してまで訊かないといけないのか?

何を考えているのだ、この人は。いや、きっと何も考えていないのだ。もし冷静な判断が働けば、こんな危険なことができる訳がない。

彼は外人と話をすることが嬉しくてたまらないといった様子で、必死に運転しながらもにこにこして話し掛けてくるのだった。

「インドは旅行で来たの？」

お兄さん、そんなによそ見して危ないじゃないの。

「ノープロブレム。大丈夫だよ。貴方《あなた》の美しい名前は何ですか？」

インド人は名前を訊くときに必ず名前の前に、素敵な、とか、素晴らしい、とかいう形容詞を入れるのだ。毎度のことだけど、これは何度訊かれても嬉しくなる。何て美しい訊き方だろう。

彼は途中で他の車に割り込まれてバスから遅れると、何とかその車を追い越して大急ぎでバスに追い着いて来て、又しても話し掛けてくる。

「これから、どこに行くところ？」

うわ、そっちから車が来るよ。いくら私が美しい（？）からといって、こっちばかり見上げちゃ駄目じゃないの。私の方が冷や冷やしてしまう。

しかし外人と話をしてみたいという好奇心の前には、この恐ろしい交通状態にも彼の行動を止める力はないのだ。五才の子供がボールを追いかけて、後先考えず道に飛び出していくようなものだろう。

「インドは好きか？　どれくらい旅行してるの？」

目の前に現れるリキシャや車をびゅんびゅん避けながら、彼は後先になりつつも何とかバスにぴったり貼り付いている。

「一人かい？　今までどこに行った？」

そして、やっと一通り訊きたいことを訊いて満足すると、彼は、じゃあいい旅を！　と言って走り去って行った。

こんな危険な、命に関わるような状況の中で、彼は私に弾けるような笑顔を残していったのだ。私と話したいばかりにバスの横に貼り付いて、フェアドゥーユーカムフロム、なんて間抜けな質問をする人なんて、日本には絶対存在しないだろう。それは命のほうが大切に決まってる。

まっさらな好奇心の為せる技だろうが、インドには、外人と見れば嬉しそうに寄って来て話し掛けたり親切にしてくれたりする人が多い。ただの物珍しさなのか、お陰でこちらは退屈しない。

インドではバイクなんてまだ高級品だと思うから、彼は多分お金持ちなんだろう。お洒落にサングラスなんかかけてカッコ良く決めていたけど、暑いのか頭にはほっかむりしていたんだなぁ、彼は。

その後、韓国人のお兄さんと話していたとき、彼からも「こんな人いたんだよ」と全く同じ、こういうバス貼り付き男の話を聞いた。それは全然別の町での話だったし、同じ人のはずはない。もしかしたら、こんな風に命懸けでツーリストに話し掛けるインド人って結構いるんだろうか。いそうな気がする。

インド人というのは余計なことは何も考えていないように見える。過ぎた事をうじうじ後悔したりしないし、先のことを心配したりもしないに違いない。五才の子供というのは心配や悩みからは無縁の存在なのだ。

そもそも悩みというのは、ここに悩みがある、と思って悩んでいる間だけ存在するものなので、悩むのを止めれば直ちに悩みは消滅するのだ。なのに悩まずにはいられない。心配せずにはいられない。どうしてだか心がそちらへ吸い寄せられていく。いつも、ほんの小さな小さなつまらないことに執着して夢中になってしまう。

ドイツ人のツーリストとそういう話をしていたら、彼女も又「私もそうなのよ。いつも考え過ぎて辛い。考えても仕方ないって分かっていても、気が付いたらいつも何か悩んでいるの。私の周りの人たちも皆同じこと言ってる」と言う。どうも私達は考え過ぎるという重い病気にかかっているようなのだ。

そこへいくと、インド人はつまらないことは何も考えていないように見える。常に、今一瞬に集中しているようなのだ。

いつも泊る宿の二、三軒先には果物屋があって前を通る度に声を掛けられるので、私はそこでリンゴを買ったことがある。果物屋の親父は私に選ぶ隙《すき》を与えず、パパパッと手早く袋に入れ私に渡したが、帰って見てみると半分腐ってあまり良いリンゴではない。二、三日してまた声を掛けられて、ご近所だからと思って又買うと今度は全部腐っていて、実は彼は悪いのを私に押しつけていたのだ。しかしその後も、その果物屋は私が前を通る度に相変わらず必死で呼び込みをするのだった。

彼は私のことを、二回引っ掛かった馬鹿だから又引っ掛かるだろうと思っているようだったが、二回も引っ掛かったら三回目は引っ掛からない。そういう余りに当り前のことに気付かないということが私には理解できない。おかげで彼はお得意様を一人作り損なったのだ。しかし明日の百ルピーより今日の十ルピー。多分彼は今売ることだけに集中していて、明日のことまで考えていないのだろう。

インド人と英語で話していると、たまに「僕は明日祭りに行ったんだよ」などと辻褄《つじつま》の合わないことを言うことがある。ヒンディー語を習って初めて分かったのだが、ヒンディー語では、明日と昨日が同じ単語なのだ。

それを知ったとき、私はさすがインドの言葉だと思った。なぜなら、明日も昨日も今ここには存在しないという点で同じだからだ。それはただ思い出や空想や夢や後悔や心配の中にあるだけで、どこにも実在しない。あるのは今だけである。

聖地巡りの時バスを乗り次いで途中の小さい町で一泊したとき、私はなかなか寝付けないでいた。風邪を引いて身体は暑いような寒いような変な感じだし、天井についている扇風機は使わず、ベランダ側の扉を開けたままベッドに横になってなんとか眠ろうと努力していた。

安宿では普通、天井に昔の銭湯の更衣室にあったような大きな扇風機が付いていて、馬鹿みたいに暑い時でもこれで結構快適に過ごせる。風に吹き飛ばされて蚊も寄ってこず、なかなか良いのだが、首を振るなんて芸当はできないから体調が悪いこんなときは都合が悪い。しかしここは山手なので、扉を開けていれば結構風が気持ち良かった。

だけど明日の朝は五時のバスに乗る予定なのに全然眠れそうになく、ここで何とか体調を元に戻しておかないと明日のトレッキングに支障が出る。

　私は十分おきに時計を睨んではベッドの上でごろごろ寝返りを打っていた。ああ、やれやれ、困ったなぁ。

　しかし夜中の二時、そんな私の努力を吹き飛ばすような、ある事件が起きた。開けっ放しにしたベランダ側のドアから男が侵入してきたのだ。

　泥棒だ！

「きゃー！」

　電気を消していたので眠っているとそいつは思ったに違いない。しかしどっこい起きていた私は、すぐに気が付いて大声を出した。

「きゃー！　きゃー！　きゃー！」

　とっさの身体の反応というものは凄いものだ。自分でもどこから出てくるのかと思う程の大声だった。

　泥棒は飛び上がり、騒がれることなど全く予想もしていなかったかのように驚いて身を翻《ひるがえ》した。そして木から木へ飛び移る猿のような身軽さでベランダに飛び出して、隣のビルへと飛び移って逃げて行ったのだった。

　あー、びっくりした。

　ここは三階だから、まさか泥棒に入られるとは思わなかった。泥棒にも驚いたが自分の出した大きな声にも自分で驚き、考えもしなかった出来事に私はすっかり動転してしまった。

ベランダで興奮したままわーわー騒いでいると、さすがインド、夜中の二時だというのにベランダの下にはすぐ何人か集まって来て、どうした、どうした、と下でも騒ぎ出した。

暇と好奇心と人情を持ち合わせているのがインド人である。

困ったとき、誰かの助けが必要なとき、騒げば必ず人が集まってきてくれる。そしてその中の誰かが必ず何とかしようとしてくれる。

インドでは何かあっても、誰からも見捨てられて一人オロオロと途方に暮れるということは絶対にない。だからこれ以上に心強いことはない。助けてくれる人は必ず現れるのだ。

「泥棒よ、泥棒！　私の部屋に泥棒がきた！」

「泥棒！　そりゃ大変だ」

これだけ人が集まれば英語の分かる人も一人はいる。そしてその五分後には、なんと頼みもしないのに警察官が来てくれたのだ。

実にインド人の親切、世話焼き加減は素晴らしい。

しかし実をいうと私は警察が恐かった。警察は何でもできるという特権を持っているので、職権を乱用して、何やかやツーリストにいちゃもん付けては荷物検査だなどと言って暇潰《つぶ》しをし、ついでに何か理由を付けては品物を取り上げる、とかいう噂を何度か聞いたことがあるからだ。

だから私は警察官を見ると、それまでなるべく関わらないように避けていたのだ。触らぬ神に祟《たた》りなしである。

しかしこの時来てくれた警察官は真面目そうな人達で、身体はがっしりと逞《たくま》しく、顔はきりりと引き締まり、見るからに頼もしい。しかも英語が通じたのだ。

その泥棒はゴムゾーリを私の部屋に残していた。慌てふためいて逃げて行ったので、焦《あせ》って走りにくいゴムゾーリを脱ぎ捨てて行ったのだろう。しかも私は真っ暗な中で暫《しばら》くごろごろ寝返りを打ちながら起きていたので目が闇に慣れ、その男の顔をしっかり見ていた。

この部屋に金持ちの外人女が一人で泊まっていることを知っているのだ。犯人はこの宿の従業員に違いない。私は夜遅く着いてすぐ部屋に引き取ったので従業員全員と顔を合わせたわけではないが、見れば分かる。

そう警察官に言うと、彼等は直ちに宿の者を全員叩き起こして集めた。

彼等は犯人の残していったゴムゾーリをまるで貴重な証拠品のように睨みつけて、次に重々しい仕草《しぐさ》で床に並べて置いた。そして、ずらりと勢揃いさせた七、八人の従業員の一人一人に、犯人が残していったゴムゾーリを履かせたのである。足のサイズで犯人を割り出そうというのだ。

警察官はまるで重大な審査でもしているかのように、神妙な顔で大真面目に、次！　とか言って厳しい目付きでゴムゾーリの上に乗せられる足を見つめ、呼び出された人達も全員陰鬱《いんうつ》な顔をして、そろりそろりとそこに置かれたゴムゾーリに足を入れていった。

あたりには重苦しい空気が立ち込め、そこに呼び集められた「容疑者達」は全員下を向いてうなだれていた。そして一人づつ順番に、踏み絵を踏まされる隠れキリシタンのようにためらいながら、おずおずとゴムゾーリに足を入れていくのだった……。

お、おかしすぎる！

何やってるんだ、あんた達は。シンデレラのガラスの靴じゃないんだぞ。従業員は全員男なのだ。男物のサイズのゴムゾーリなんか、誰が履いてもぴったり合うに決まってるじゃないか。余りの阿呆臭さに、私はもう吹き出しそうだった。

第一、何もそんなことしなくても私は犯人の顔を見ているのだ。

しかし宿の人を全員起こす前に、警察官はどこからか連れてきたお爺さんに、まずこのゴムゾーリを履かせたのだが「違う、もっと若い男よ。この人は犯人じゃない」と、私がいくら言っても彼等は聞く耳を持たないのだ。彼等なりのプライドがあるのか、ここは余計な口出しをするのはやめた方が良さそうだと、とりあえず私は黙って成り行きを見守ることにした。

しかし一体この人達は本気でこんなことやってるんだろうか。

おかしい！　何が起こっているのだ、ここで。幼稚園の劇の発表会じゃあるまいし、どうしてこんな馬鹿馬鹿しいことを真剣にやれるのだ。笑いを堪《こら》えて私は口が引きつっていた。

しかし私はいたいけな被害者である。ここで笑うわけにはいかない。

それで笑いたいのを一生懸命こらえて、やはり神妙な顔をして、この阿呆臭い審査劇をじっと見つめてそこに参加していたのだった。

このきっちりした制服に身を包んだ、教養も威厳《いげん》もある警察官が大真面目でこんなことやっているのがとても信じられない。彼等は本当にこの方法で犯人を特定しようと思っているのだろうか。もしかしたら彼等はゴムゾーリ鑑定のプロで、微妙な擦《す》り減り方や汚れ方で犯人をピタリと当てられるのだろうか。まさかそんなことはないだろう。

いや、ひょっとしたら本当は彼等も心の中でぷーっと吹き出していて、しかし、こういう場面で笑うのも不謹慎だから、私と同じように真面目な顔を作っているだけかもしれない。そうだ。ひょっとしたらここにいる全員、実は心の中で爆笑しながら、全員の暗黙の了解でこの珍妙な劇を演じているだけに違いない。

私は犯人の顔を見ていたから、本当はこんなことをやる必要はまるでないはずなのだ。しかし警察官としては、あ、こいつが犯人、あ、そ、で終わらせては立場がないし、こんな山の中の町じゃ普段何も変わったことは起きないから、ここぞとばかり何かして楽しみたいのだろう。

要するに彼等は遊んでいるのだ。絶対そうに決まってる。

しかしどうも、いい加減、大雑把《おおざっぱ》だけでは括《くく》れない何かがあるようなのだ。ここの国の人のすることは、何だかおかしい。

どうもインド人というのは、いつでもどうやって、今、この一瞬を楽しく演出しようか、ということしか考えていないように見える。だからここで大切なことは素早く犯人を見つけることでも何でもなくて、どうやってこの滅多に起こらない事件を楽しむかなのだ。

インド人というのは、どんなに悲惨そうな状況にある人でも、どんなに惨めな人生を送っていそうな人でも、実は彼等はそういう役を演じることをどこかで楽しんでいて、本当は心の中ではアッカンベーでもしているんじゃないか、と思えるときがあるのだ。

所詮《しょせん》此の世は移り変わっていく現象世界、楽しんだ方がいいに決まってる。

私達日本人は、これを買ったらもっと生活が楽しくなりますよ、こんなに安いですよ、と目の前に人参をぶら下げられて、そうとは気付かないまま走らされている馬のように思えるときがある。そして暗示にかけられて気違いじみたスピードで働いてはストレスを溜《た》め、そのくせお金の使い道が分からなくて、仕方なく格安ツアーで旅行に行ったり、バーゲンの電化製品を買ったり、お買い得の服を着たりして得した気分になってお金をばら撒《ま》いているように見える。そして、もっと豊かそうに見えるものを手に入れるために又馬車馬のように働くのだ。

だけど楽しい人生を送るというのは、実はとっても簡単なことなのだ。ただ人生を楽しめば良いのだから。そして人生とは今この一瞬の連続なのだ。過去でも未来でもない。

この威厳ある、真面目そのものといった風貌《ふうぼう》の警察官も、人生の楽しみ方の極意《ごくい》を習得しているようである。

私達人間はいつか死んでしまう存在である。そしてそれは、もしかしたら明日のことかもしれない。いや、ひょっとしたら一瞬後のことかもしれない。本当は私達はいつ死んでしまうか分からない存在なのだ。誰もが皆知っていて、それなのに誰もが皆、普段はすっかりそのことを忘れている。頭では自分はいつか死ぬと分かっていても、それはあくまでもいつか先のことであって、この一瞬後だとは考えない。若い人が突然死んだときによりショックなのは、死なないはずの人が死んだと思うからではないか。本当は死なない人なんかはいないのに。

だけど普段はすっかり忘れているこんな当り前のことをインド人はちゃんと知っていて、もしかしたら皆、自分はいつか死ぬんだという自覚があるんじゃないのか。

いつか死んでしまうから今この一瞬が尊い。だから、今この一瞬を最高に生きようとしているのではないか。

そして、生きる、ということは、喜ぶ、ということだ。だから、いつでもこの一瞬を最高に楽しもうとしているのではないか。

自分はいつか死ぬけど、だけど今は生きていて、だから、今なんだ。全ては今なんだっていうことを知っている気がする。努力して向こうにあるように見える、もっと良いものを手に入れることではない。それはもう既に与えられているのだ。今ここにあるのだ。そういう事を知っている気がするのだ。

私達は生まれてからずーっと息をしているから、自分が息をしていることにも空気があることにも気付かない。同じように、生まれてからずーっと生きているから、自分が生きているんだっていうことにも気が付いてないいんじゃないのか。だけどインド人はそれをちゃんと知っていて、万歳！　生きているぞ！　万歳！　今ここに自分がいるぞ！　って全存在で「生きている」ような気がするのだ。

ところで犯人はすぐに捕まった。だってゴムゾーリ検査なんかしなくても、私はしっかり顔を見たんだもん。

バラナシは音楽の町で、有名な音楽家を多く輩出《はいしゅつ》しているらしい。

毎年春には大きな音楽祭があり、毎日いろんな場所でオールナイトのコンサートが開かれる。

今日はあっちのお寺、明日はこっちのガート、と広い場所にステージが作られ、インドでも指折りの有名なアーティストがやってきて誰でも無料で見られるのだ。

このへん、インドはなかなか洒落ている。日本ではコンサートなんて高過ぎて私なんかとても行けたものではない。お金を持っている人の特権である。尤《もっと》も殆どの日本人はお金持ちみたいだけど。

しかしタダなら私でも行けるから、この時期は勿論《もちろん》、毎夜夕食をすませるとリキシャに乗ってコンサートに出掛け、昼間は眠るという昼夜逆転したコンサート三昧《ざんまい》の生活を心ゆくまで楽しむのだ。

コンサート会場は場所によって階段に座るだけだったり、椅子が用意してあったり色々だが、ある時こういうことがあった。

どこに行ってもいつも満員のインドのこと、その時もコンサート会場は超満員で、立ち見まで出て押すな押すなの大盛況だった。

私は運良く椅子に座れたのだが、コンサートの途中、隣のインド人男性が、「ちょっとトイレに行ってくるから、この席取っといてね」と言って椅子の上にハンカチを置いていった。するとしばらくして別のインド人がやって来て、「そのハンカチは何だ」と言う。

「今トイレに行ってるけど、すぐに戻って来るよ」

と言うと彼はケッとそのハンカチを取り、当然のようにその席に座ってしまったのだ。あらら、知らないよ。

そこにトイレから初めのお兄さんが帰ってきた。お、これは見ものだぞ。どうなるのかな。

「おい。そこは俺の席だぞ。ハンカチ置いていただろう」

「何言ってるんだ。席を空ける方が悪いんだよ。ほい、ハンカチは返すよ」

「退《ど》けよ。そこはもともと俺が座ってたんだぞ」

「今は俺だよ」

と、しばらくもめていたが話が付いたのか、次の瞬間、何と彼等は一人用の椅子に二人で並んで座ったのだ。

日本ではこういうことは絶対に考えられない。平和と言えば、これ以上平和な解決方法はないだろう。

「狭いね」「うん、そうだね」とか言いながら彼等はにこにこして仲良くお尻半分はみ出して座り、コンサートについてなんだかんだ話して、もうお友達になっているのだ。

日本では奪うか奪われるか、あるいは譲るか譲られるかしかない。大の男が二人で仲良く座るなんて、一体どうやったらこういう発想が生まれてくるんだろう。

しかしこういう光景は、混み合った汽車の中などでは普通に目にする。皆で我慢してギュウギュウ詰めになって一緒に座るのだ。

自分の席を人が取ったからと言っていちいち怒っていてはやってられない。人生には理不尽なことはわんさと盛り込まれている。だから楽しむしかないのだ。楽しめなかったら人生なんて辛いばかりではないか。

だけど楽しむ力というのは何処から来るのだろう。

私達が辛いと思うようなときでもインド人は楽しんでいる。怒ってしまう時でもインド人は喜んでいる。彼等は楽しむ力を失っていないのである。

いつでも今ここを楽しむなんて、そんなことができるのは五才の子供だけのはずだ。

一体どうして楽しむことができるのだ。

コンサート会場で右端の通路からも左端の通路からも同じ位の距離の、真ん中辺りの席が途中で空きそうな時は、両端の通路でその席を狙って男二人が睨み合っている。そしてそこの席が空いた途端、彼等はその椅子目がけて突進し、「やったー！　勝った！」「ちぇー！　負けた！」とか言って椅子取りゲームを楽しんでいる。

どうしてここで楽しむことができるのだ？

負けてしまったら普通バツが悪くて、ほんとはそんなものどっちでもよかったんだもんね、みたいに素知らぬ顔をするか、勝った方の男を不機嫌にギロッと睨みつけるかするものではないか。

一体どうして喜んでいられるのだ。

こんな時に喜べる日本人なんて一人もいない。絶対にいない。五才の子供を除いては。

インド人たちよ、教えてくれ！

一体どうしたらそんなに純真でいられるんだ！

日本で町を歩いていると、イライラ怒っている人や、肩を落としてしょんぼりしている人がやたらと目に付く。だけどインド人は大人でも遊んでいるから、皆楽しそうに見える。そして楽しいときは何か不愉快なことが起こったり心配事があったとしても、細かいことは気にならないのだ。ノープロブレムなのだ。

自分が発しているのと同じ波長のものが吸い寄せられてくるのがこの世界の法則である。だから楽しんでいることが一番大事なのだ。

ある時やはりバラナシで面白いものを見た。ガンガー近くは細い迷路のような道が張り巡らされていて、その細い路地の路上に八百屋が店を広げていた。しかも、ただでさえ細い道なのに、八百屋の向かいの電気屋にはおっちゃん達が椅子を出してたむろし、世間話に興じていたのだ。

そこをリキシャが通り、リキシャは避けきれずに八百屋の芋を五、六個踏み潰してしまったようだった。その時、八百屋の兄ちゃんは留守で、向かいに座っていたおっちゃん達がそれを目撃し、八百屋が帰ってきたときに、おい、リキシャが芋を踏んでいったぞ、と告げた。

しばらくしてそのリキシャが引き返してきたので、八百屋は文句を言い始めた。

「おい、この芋見てみろ、あんたがさっきここを通った時に踏み潰していったんだぞ」

「え？　わしが芋踏んだって？　気が付かなかったよ」

「どうしてくれるんだ。商売物なんだぞ」

「ほんとに踏んだのはわしなのか。他のリキシャじゃないのか」

と言い合っている。

向かいに座っているおっちゃん達は事の成り行きを面白そうに眺め、見物人も集まり、「あんたが芋を踏むのを確かに見たんだぞ」とか「そうだ、そうだ。あんたが悪い」とか相《あい》の手を入れている。

確かに芋を踏んだのはリキシャだけど、こんな狭い道で、わざわざ八百屋の向かいに陣取って、道端で無駄話しているおっちゃん達は悪くないのかなぁ。彼等は交通の邪魔になってはいけないから狭い道に椅子を出すのは止めよう、などという良識的なことは考えないようだ。

インドでは道端でこういうふうに何かモメ事が起こると、たちまち野次馬が取り囲んで何だかんだと言いつつモメ事に参加して、やんややんやの路上裁判が始まるのだ。インド人というのは、いつでも何か面白いことはないかと捜していて、それを最大限に楽しもうとしているようだ。

普通こういう時、日本では面倒に巻き込まれないよう知らん顔するものだが、インド人は自分から首を突っ込んで面倒に巻き込まれていく。実に暇で熱い人達だ。

そしてインド人の凄いところは、この時モメているのが私とリキシャだったとしても、彼等は同胞だからとインド人にえこひいきしたりはしない。必ず、正しいと思われる方に付く。

「確かに踏んだのはあんただよ。ほら。ここ見てみろ。ちゃんとタイヤに芋を踏んだ跡があるじゃないか」

と、八百屋は車輪を指さしたが、しかしそれは芋を踏んでいない方だ。

「やや。ほんとだ。これは悪いことをした」

どうして芋を踏んだのとは別のタイヤを、ここに芋の跡がある、と堂々と指し示せるのか大いに疑問だが、それを見て納得するリキシャもリキシャである。

芋を踏み潰した時リキシャは逆方向を向いて走っていたのだから、芋の跡は八百屋とは反対側の車輪にあるはずなのだ。なのにその事に気付かず、芋の跡は八百屋側にある、と単純に思い込んでいるところが二人共五才の子供なのだ。まったく笑ってしまう。

「さあ、これで分かっただろ。芋代弁償してくれ」

「そうか。仕方ないかなぁ。けどわしの生活も楽じゃないんだ。今日はまだ××ルピーしか稼いでいないんだよ」

と、又しばらく話し合っていたが、やがて話が付き、リキシャのお爺さんはもう年寄りだったから、八百屋は「今度から気を付けてくれよな」と言って許してやることにしたようだった。とりあえずは一件落着。人のモメ事というのはどうしてこう楽しいんだろう。

インドというのは話し合いの国なのだ。ここにはまだ人情が入り込む余地があるようだ。

その後、八百屋のお兄さんは潰れた芋を店の一番通路側に置き、他のリキシャが通り過ぎる度に追いかけて行っていた。そして「おい、あんた今俺の店の芋踏んだぞ。ほら見ろ、この芋」と言ってその潰れた芋を見せ、相手を困らせては遊んでいる。転んでもただでは起きない奴である。

そしてリキシャが通る度に向かいのおっちゃん達も私も、げらげら笑ってそれを楽しんでいたことは言うまでもない。


私はこの旅行の間、ビザを取り直すために何度かネパールに行ったのだが、ネパールの日本食レストランにはどうやって入手しているのか当日の日本の新聞が置いてあって、私はそれを読むのが楽しみだった。しかしインドでこういうふうに過ごしていると、新聞を読んでも段々意味が分からなくなってくる。何が書いてあるのかさっぱり理解できないのだ。

どうしてこんな簡単なことをこんなに複雑に考えているのか。どうしてこんなどうでもいいことを深刻に考えているのか。どうしてこんな当り前のことをいじくり回して考えているのか。

物事はもっと単純でいいはずなのに、新聞に書いてある日本の社会のことは余りに複雑で、段々理解の範囲を越えてくるのだ。

更に日本に帰ってテレビのニュースを見ると、ニュースキャスターはいつも深刻な顔をして、不況や悲惨な事件のことばかりを喋っているように見える。この世には楽しい事も喜ばしいことも沢山起こっているはずなのに、日本人は常に何か心配な事はないかと捜していて、何かを大変がっていないと気が済まないのではないか、と思えるときがあるのだ。

日本人のツーリストには旅に出たら暇が沢山あるから、この時間を利用して普段読めない本を読もうと、分厚い本を十冊以上も持ち歩いている人なんかがいてびっくりする。重さを訊いたら五キロなんて言う。ほんの少しの時間でも無駄にできないんだろう、この日本人の勤勉さには涙が出そうになる。そして持ってきたからには読まねばならぬ、とせっせと読んでいる人を見たりするけど、インドでは実に奇妙に見える。

高い飛行機代を払ってはるばるインドまでやって来ているのに、目の前の現実に関わるのを放棄して、どうしてわざわざ作り話の中に入っていくんだろう。本を読みたいんだったら旅に出たつもりで暇を作り、部屋に篭《こ》もって読んでいれば重い荷物を担ぐ必要もないのになぁ。

日本では私も本は読むが、インドでは人間を見ている方が十倍楽しい。事実は小説よりも奇なり。とても日本の常識じゃ考えられないようなことが平気で次々と起こるんだから、ここは。あっちからもこっちからも思いがけない出来事がぽこぽこ飛び出して、どんなベストセラーの小説も、どんな遊園地のアトラクションも、とてもインドの面白さにはかなわない。

まるで楽しい映画の世界に入り込んだようで、しかももっと楽しいことに、自分もその映画に出演している役者の一人なのだ。

そしてインドではどんな役を演じてもいい。良い人を演じなくてもいいし優秀な人にならなくてもいい。分別ある人でなくても人と違っていてもいい。ｗａｎｔ　ｔｏで、自分自身のままで存在していていいのだ。

常識じゃ考えられないことが次々起こる。今まで常識だと思っていたものが壊されていく。物事はこうあるべき、人間はこうあるべき、自分はこうあるべき、と信じていたものが崩壊《ほうかい》していく。これが世界だと思っていたものが砕け散るのだ。

沢山の「べき」でがんじがらめに縛られて身動きできずにアップアップしていた心は、驚きの非常識に出会って少しづつ「べき」から解放されて自由になっていく。自由になりたいと思っていながら自由になれず、自分で自分を縛り付けていた「べき」が弾け飛んでいく。

私達はｗａｎｔ　ｔｏで存在していていいんだ。ｍｕｓｔよりｗａｎｔ　ｔｏでいる方がずっと大切なんだ。五才の子供のままの私で存在していても良かったんだということに気付くのだ。

そして五才の子供の心に戻ったら、この世界は、喜びと、希望と、光と、祝福に満ち溢れているに違いないのだ。

ボクらはみんな生きている

犬を見ればその土地が分かる、というのが私の持論である。犬は飼い主に似るというが、飼い主がいない犬はその土地に似る。

バリの犬は恐かった。

ウブドゥという村で私が泊まっていた宿は細い路地の奥まった所に在り、広い道に出るまでに、恐い犬のいる家の前を二、三軒通らなければならなかった。家の人に聞くとその犬は飼っているわけではなく、ただ勝手に居付いただけだと言うのだが、その犬たちはいつも私が通る度、物凄い剣幕で飛び出して来て吠えるのだった。それはまったく私を憎んでいるとしか思えない凄まじさで、そのありったけの憎しみを込めて今にも飛びかからんばかりに激しく吠え立てるのだ。

散歩したり食事に行ったりで一日最低四回は通るのに、そこを通ると必ず犬は飛び出してきた。彼等は決して馴れず、一ヶ月たってもまだ激しく吠え立てたのだ。

言っておくが、私が犬が嫌いな人間だから犬がそれを察知して吠えるというわけではない。私は犬は好きなのだ。

それは、こう言っていた。

「出ていけ！　よそ者！」

もし私が地元の人と結婚してここに住むことにでもなったら、この犬が吠えなくなるまでに、いったいどれ位かかるんだろう、と思うとぞっとした。

バリの人は表面はにこやかに笑っていても、ツーリストをお金を落としてくれるツーリストとしてしか受け入れない。このバリの犬はバリの人そのものであった。

タイの島の犬は健康的だった。人生を謳歌《おうか》していた。

グループを作っていつもじゃれ合い、ビーチを走り回り、仲良くなったツーリストと一緒に海で泳いでいた。島の犬達は人懐《なつ》こくて、こちらが日向ぼっこでもしていると、すぐに「遊びましょ」って感じでしっぽを振って寄ってくる。実に可愛いのだ。

退屈したときはボスが子分一同引き連れて、意気込みながら隣の縄張りのグループに喧嘩を仕掛けに行く。鼻付き合わせてお互いギャンギャンギャンギャンと吠えて、どう勝負を決めるのか、ある程度吠えて満足したら又トコトコと自分達の持ち場に帰って行くのだった。

私はここで犬と話をしたことがある。

夜中、一人で海岸を散歩していてベンチに腰掛けたら、そこはたまたまあるグループのアジトだったらしく、ベンチのすぐ向こうでは七、八匹の犬が固まって寝ていた。そして私がベンチに座ると、すぐに何匹かがムックリ頭を上げてワンワンと警告してきた。おいおい、ここはオレ等の場所だぞ、あっちへ行かんかい、と言っているらしい。それでも無視していると、ボスらしい奴がウーと唸《うな》りながらやって来た。そっちがその気なら実力行使と思ったようだ。

その時ボスとハッタと目が合ったので「いいじゃん、ちょっと座らせてヨ」と頼むと、ボスは暫くじーっと見つめた後で「ま、いいか」と言って(彼は確かにそう言った)仲間のところに戻って又寝たのだった。話の分かる奴だったのだ。

そして日本の犬は言うに及ばず。もう日本には鎖につながれ、あるいは部屋の中に監禁されて、人間に躾《しつけ》られ、自由を失って管理された犬しか存在しない。

野良犬のいない国、それが日本だ。


バラナシの犬は恐い。

バラナシという町は夜になると闇がパックリと口を開け、魑魅魍魎《ちみもうりょう》の支配する町に姿を変える。あらゆる禍禍《まがまが》しいものが呼び起こされ、全てを邪のエネルギーで包み込む。

昔、私がまだ子供だった頃、夜中にふと目を覚ますと、どこからか犬の遠吠えが聞こえてきたものだ。

それは闇を感じさせる声だった。全てのものが寝静まった真夜中、犬たちは目覚め、闇の中を走っていた。そこにはまだ闇の中で動くもの、同じ時に生きていても決して近寄れない違う世界があったのだ。

草木も眠る丑三《うしみ》つ時というが、あらゆるものが活動をやめて眠りに入り、世界は死に絶え、闇だけが支配している時間に、闇の中から生まれ、息を吹き返し、活動するもの達のもう一つの世界があった。

今私の周りには闇を感じさせる音は何もない。夜中に走り回る暴走族の騒音や、秋の虫の声は夜の音であって、闇の音ではない。

しかしバラナシにはまだそれがある。

ある夜、私は一人でガートを歩いていた。まだそんなに遅い時間ではなかったのにガートにはもう誰もおらず、私は良い気持ちで夜の散歩を楽しんでいたのだ。

すると、どこから現れたのか、犬が二、三匹吠えながら近付いて来た。

凄い形相《ぎょうそう》だった。それは、むき出しの本性で迫ってくる動物だった。人間に飼われているペットの犬ではなく、人間の友達の賢い犬でもなく、それはまさしく獣《けだもの》だった。

私は急に恐くなった。バラナシの犬は人間の燃え残りを食べているので肉の味をしめていて凶暴で危ない、と聞いたことが頭に甦《よみがえ》ってきた。

この真っ暗闇の中、周りには誰もいない。引き返そうと思った。すると後ろにも別の犬が数匹やってきて吠え始めた。闇の中で赤い目が光っていた。その声を聞き付けて犬は次々と集まってきた。階段を上って人の居る通りまで行こうとしたら階段からもやって来た。

次第に犬の数は増え、唸《うな》り声は響き、私は取り囲まれた。そして今私を取り囲んでいるのは紛れもない獣だった。それは初めて見る野生の動物だった。

近くから遠くから、あらゆる道という道から、こちらを目指して走って来る犬の声が響いてきた。まるで何百匹というバラナシ中の犬が私を目がけて集まって来ているようだった。全ての犬が吠えていた。

前にも後ろにも行けない。右も左も取り囲まれている。そしてガンガーは不気味だった。その真っ黒な水は無表情なまま少しの音も立てずそこにあった。

犬の数はどんどん増えていった。遠くから吠えながら、こちらに走って来る犬の声がガートにこだましていた。まるで闇の中から次々とその闇が犬に化生《けしょう》して現れて来ているようだった。全てが普段は眠っている凶暴さを露《あらわ》にして激しく吠え立てていた。

私はこの時初めて知ったのだ。犬というのは本来恐いものなんだということを。それはバリの犬が村人の心を反映して、よそ者の私を排斥《はいせき》しようとしたあの恐さではない。動物の野生が目覚めた恐さだ。犬は犬になったのだ。

この犬はバラナシそのものだ。バラナシというのはそういう町だ。綺麗事を許さない。そのものの本性をむき出しにさせる冷酷さがあった。あらゆる者の心の中に潜んでいる恐怖や怒りを解き放つ邪悪さがあった。バラナシの闇は、有無を言わせぬ力で全てのものの中にある同じ闇を引きずり出すのだ。

インドにはホーリーという水掛け祭りがあって、インドの中でも特にバラナシは派手に祝うようだ。祭りが近付くと、あっちでもこっちでも水鉄砲や色の付いた粉が山積みになって売り出され、祭りの当日は、色の付いた粉や色の付いた水を掛け合って無礼講《ぶれいこう》の乱痴気《らんちき》騒ぎをするらしい。らしいと言うのは、この祭りのときバラナシに居合わせたことはあるのだが、危険だから、とツーリストは外へ出してもらえないのだ。そして私も決してこの日は外に出ようとは思わない。町がどういうことになっているか、大体想像が付くからだ。

生まれた時にすでに死が組み込まれているように、多分人間の心の中には、自分では押さえようがない、コントロールが利かない、どうしようもない爆発的な負のエネルギーがあらかじめ組み込まれているのだろう。だからそれを一年に一回、祭りのときに発散させてやる必要があるのだ。

普段は平和で何事も起こりそうにない調和を保っているバラナシだが、その中に、一旦事が起これば、とことんまで全てを破壊し尽くしそうな狂気のエネルギーが眠っているのを感じる。日本人は最近キレやすいと言われるが、インド人は一旦キレれば必ず殺し合いにまで発展してしまうに違いない。そう思わせるような、余りに残虐で冷酷な凄まじい闇が潜んでいるような気がする。そういう恐ろしさを感じるのだ。

だから祭りのときには、その闇を目覚めさせる。そして町全体で狂って暴徒と化すのだろう。そういうバラナシの闇は夜になると毎日犬の中で目覚めるのだ。

私が子供の頃、まだ町には野良犬が存在していたが、こんな町の中で野生そのものの姿の犬に出会ったのはこれが初めてかも知れない。

幸い丁度通りかかった人達に助けられて事無きを得たのだが、この時の恐怖は一生忘れないだろう。

日本から闇を感じさせる音が消えたのと同様、闇そのものも消えた。道には街灯が付けられ、本当の真っ暗闇なんて余程の田舎へ行かないともう存在しない。しかし本当は、その闇はもっと奥へ奥へと追いやられただけなのではないか。

私達の心の中にある闇は、普段気付かないように蓋をされ、忘れたふりをして、ずーっと深いところに押し込められている。それは追いやられた分押さえ付けられ、いびつに変化し、歪められて、いつか突破口を捜し出して噴出しようと機会を待ってぶつぶつ発酵しているのではないか。そんな気がする。中にあるものはいつか必ず外に出てくるのだ。

押さえ込まれた闇、負のエネルギーは破壊のエネルギーである。それが内に働けば自分自身を破壊する病気という形で現れ、外に働けば暴力や犯罪となるのだろう。

社会全体が闇を排除しようと、汚いもの、醜《みにく》いもの、恐ろしいものを摘《つ》み取っていくと、それらは見つからないように更に奥へ奥へと姿を隠す。やがて追い詰められ、圧縮された闇はとてつもない怒りの塊《かたまり》となって、自分に向けられた否定の視線に報いるべく凶悪な形で爆発するのだ。

しかしバラナシの犬も恐いばかりではない。犬が野生に返るのは夜だけの話で、昼間はこれが同じ生き物かと思うほど其処《そこ》らでぐーたらしている。

ガンガーの周りの古い町並みの中は細い路地が迷路のように入り組んでいて、大きな車は通れないが、オートリキシャとかバイクくらいは通る。犬たちは昼間はいつも道の隅っこで居眠りをしているが、たまに、そんな道の真ん中で寝ている犬がいる。

ある日、私はお茶屋のベンチに座ってそんな犬を見ていた。真ん中で寝ていられては人間様としては迷惑千万、交通の邪魔なのだ。

その犬はバイクやオートリキシャが通りかかると、クラクションを鳴らされたり、大声で怒鳴られたりして渋々起き上がって端に避けるのだが、通り過ぎると、また道の真ん中に戻って寝るのだった。車はほとんど五分に一回位は通っていたから、その度に起こされていたのではとてもゆっくり眠れまい。こういうのをおちおち寝ていられないというのだ。しかし彼は車が通り過ぎると必ず又そこに戻るのだった。危なっかしいのだ。

私は疑問だった。初めから隅っこで寝ていれば安心して寝られるのに、この犬はどうしてこの場所に固執しているのか。この地点でなければ納得できない、何か特別な理由があるのか。彼は一体危険を感じないのか。

彼は全く非常識な犬だった。日本人の常識では、交通量の多い道の真ん中で寝ていてはいけないのだ。

しかしここは常識のない国、インドである。だから犬は好きなところで寝ていていいのである。この犬は真ん中が好きなのだ。

そして彼は真ん中にも拘らず安心して寝ていた。周りの迷惑も考えず、自分の危険も顧《かえり》みず、こんな危ないところで彼はおちおち寝ていたのだ。

クルマがボクを轢《ひ》くなんてあり得ない、と彼は固く固く信じていた。そして車は絶対この犬を轢かなかった。歩いている人や自転車の人は必ず避けたし、車は必ず止まってクラクションを鳴らして退くまで待った。

この犬は寝ぼけているのか横着《おうちゃく》なのか、よける時でも、どれどれ、よっこらせ、という感じのスローペースだったから、たまに交通渋滞（?）を引き起こすこともあった。

しかしインドの人は誰も気にしていない。道には犬が寝ているものなのである。だからそれでいい。ノープロブレム。

こんな町の中で、こんなに安心して寝ている犬がいるのはインドだけではないだろうか。

私が他の町で泊まった宿は人が一人やっと通れるくらいの細い通路の奥にあって、その狭い通路には、いつも一匹の羊が寝ていた。

「あ、あいつね。何年か前の祭りのとき寺に捧げられたんだけど、その後、勝手にその辺でうろうろ生きているんだよ」

と、宿のおっちゃんは気にしない。

何もわざわざこんなに狭いところで寝なくてもいいのに。通りにくいったらありゃしない。

「じゃあ、この建物の誰かが飼っているんじゃないわけね」

「そうだよ」

「お寺はちゃんと餌をあげているのかな」

「誰もそんなことしていないよ、勝手にその辺の生ゴミをあさっているよ」

なんともインドなのだ。


冬は犬達の出産シーズンらしく、あちこちでコロコロ子犬が生まれる。野良犬たちは野良犬だから犬小屋なんてものがあるわけではなくて、みんなその辺の道端で子供を生む。

インドと言えども北にあるバラナシは冬は結構寒くて、石畳の道は冷たいに違いない。だからインドの人達は、そんな野良ちゃんたちのために道のあちこちに麻袋などボロ布の布団を用意してあげている。布団の上で親子で塊《かたま》り、丸くなって寝ている姿を見るのは実に微笑ましい。

しばらく滞在しているときは、その子犬達にたまにヨーグルトやビスケットを上げたりして、日に日に成長していく姿を見るのは楽しみなものだ。

が、無事に育っても何もいいことはない。昼間はその辺でごろごろして交通の邪魔をしていたし、夜になると野生に返って牙をむく。その上ほとんどの犬は病気のようで皮膚が斑《まだら》に剝《は》がれていて、狂犬病も持っているに違いないから、万が一噛まれたりしたら間違いなく病気になるだろう。

日本だったらすぐに危険だからと殺されてしまうに決まっているのに、インドの人は子犬の為に布団を敷いてあげるのだ。寒さに震えている小さい命があるから暖かくしてあげよう。それだけなのだ。余計なことは何も考えない。

見ていて楽しいわけでもない。美しい声で鳴くわけでもない。むしろ危険なだけのこんな犬達を、インド人はみんなで暖かく見守っている。ここでは私達は共に等しい命なのだ。

日本だったら、病気でなくても殺される。どこにでもフンをするから、それだけでも殺される。役に立たないから、それだけでも殺される。

インドでは全てがありのまま存在している。タイは仏教国だから決して野良犬を殺しはしないが、危険がないように野良犬全てに狂犬病予防の注射を打っているそうだ。しかしインド人は犬を殺しもしないし、その狂犬病の危険をどうにかしようともしない。病気の犬をそのまま存在させているのがインドなのだ。インド人はそんな犬をどうにかしようとは思っていないし、もし噛まれたらどうしようとも考えないようだ。

ここでは、ただそのまま共にあるだけだ。

しかしインドの人が常に犬に優しいかというと別にそういうわけでもなくて、たまに機嫌の悪い人が犬をいじめているのを見ることもある。

動物愛護の人達が見たら、けしからん、と思うかもしれないが、インドの人は人も動物も別に区別しない。彼等は動物だから特別に愛護しなければならないなどとは思わない、動物だから殺していいとも思わないからだ。ただ私達は共に生きている同じ命なのだ。

だから機嫌の悪いとき、其処らに寝ている犬に八つ当りしてうっぷん晴らしをしようと思うのは、不自然なことではないと思う。人間を勝手に蹴飛ばしたりしたら後が面倒だが、犬だったらキャンですむ。

バラナシの犬は昼間は情け無いくらいだらしなかった。犬というのは怠けものなんだな。

バラナシには猿も多くて、私の部屋にもたまに猿が入ってきた。猿は昔からいたが何が起こったのか、ここ数年急に増えたんだそうだ。

デリーでも同じことが起こっているらしく、馬鹿みたいに暑い夏は、縄で編んだベッドを道端とか建物の屋上とかに出して人がごろごろ寝ているのだが、今は猿の被害が多いという。

彼等は油断していると厚かましく部屋の中まで入ってきて、何か物を取っていく。果物があればまずそれを狙うが、見当らないときは適当な大きさのものを何か持っていく。ノート、カメラ、石鹸、何でも持っていく。猿というのはさすがに頭が良くて、私が部屋の中にいても、ちゃんと私の視線を追って死角を通って入ってくるのだ。

人の部屋にドロボーにやってくる動物なんか猿くらいだろう。だからゆっくり部屋でくつろげない。こんな奴、日本だったらすぐ死刑である。

私の部屋には外の通路に出る扉があって、猿を部屋に入れないためにはこの扉を閉めるしかないのだが、そうすると光も入らず真っ暗になるので扉はいつも開け放していた。

その通路の手摺りの上を、猿は毎日何回となく行列をつくってやって来た。彼等がどういう家族単位で行動しているのか知らないが、ボスを筆頭に、若い奴や子供を抱えた母猿まで五十匹くらいはいそうな大きなグループだ。

毎日どこへ行くのか、部屋の前を団体で通る度に何かないかと中を覗き込み、スキあらば潜《もぐ》り込んでやろうとチャンスを窺《うかが》っている。

洗濯物はその通路に干していたが、夕方取り込むときには全てのボタンがかじられていたりする。部屋の前で何匹かでじゃれあったり蚤《のみ》の取りっこをしたりして、くつろいでいる時もある。あんたらのお陰でこっちはくつろげないのに、何であんたらはわざわざ人の部屋の前に居座って遊んでいるんだ。猿が部屋の前にいるということは私にとってはドロボーが部屋の前にいるということで、全く油断できないのだ。

ここは私の部屋の前なんだぞ、あっちへ行け、と言っても言葉は通じず、せめてドロボーするの止めてくれないかなー、と頼んでも知らん顔するばかりで、やはり言葉は通じない。

どうして通じないんだろう。仕方ない、彼等には初めから聞く気がないのだ。たとえ言葉が通じたとしても、彼等は、フン、おサルの勝手でしょ、と言うに違いないのだ。

人間がいくら、ここは一日百十ルピー払ってる私の部屋だからね、と縄張りを主張しても、猿には人間の縄張りは通用しない。

宿のおっちゃんに、猿が来て困っている、と言うと「そうだ、奴等は危ないから気を付けろ、部屋に来たらこれで追っぱらえ」と言って棒切れをくれた。

棒キレねぇ。

いつかどこかの宿に泊まっていた時、ベッドで虫に刺されたので宿のおっちゃんに苦情を言うと塗り薬をくれたことがあった。日本だったら平に謝り、即刻ベッドをどうにかするもんだが、おっちゃんは、ああそうか、と慣れた様子で薬をくれただけだった。

そのベッドには今まで何十人も何百人も寝ていたはずだし、彼等は必ず文句を言ったはずなのに、宿の人はベッドに薬を振るとか取り替えるとか、何の対策も取らずに毎回薬を上げてただけなのか。刺された後だから薬は有難いが、刺されないようにしようとは考えないらしい。

どうしてインド人はこういう時にもありのまんまにしておこうとするのか。まさか虫を殺すべからず、と思っているわけでもないと思うのだが、そうなのだろうか。まぁ、どちらにしろ刺されるのは自分の身体じゃないからいいんだろうが。

しかしこの棒切れも刺された後に塗る薬のようなもんじゃないか。どうして猿の方をどうにかしようとは思わないのだ。入ってこられて慌《あわ》てて棒を振り回すより、入ってこない方法を考えた方がいいと思うのだが。

町を歩けば道端には八百屋が野菜を広げて座っていて、たまに野良牛がその野菜を失敬しに来る。店さえ構えていない八百屋にとっては菜っ葉一束にしても大変な損失に違いないのに、大切な売り物の野菜を食べられても、八百屋はやっぱり慌てて牛を追っぱらうだけだ。そしてこの光景は十六年前インドに来た時から変わっていない。

とぼけた顔をして菜っ葉をくわえている牛を大慌てで叩いている八百屋というのも笑える風景だが、彼等は食べられないようにしようとか、牛をどうにかしようとかは全く考えないらしい。

野良牛はその辺を悠々と歩き回り、悠々と町中をトイレにしている。細い露地のベンチでお茶でも飲んでいるときに目の前でおしっこでも始めようものなら、慌ててお茶を持ったままどこかへ逃げないと引っ掛けられてしまうし、これこそ交通渋滞の元である。しかしインド人は、これもどうにかしようとは思っていないようだ。

棒切れをもらった後で私もしばらく猿対策を考えていたのだが、どう考えても方法は猿を殺すか、扉に鉄格子をはめるかくらいしか思い付かない。

やはり方法は何もないのだ。犬が道に寝るように、牛が野菜を食べに来るように、猿は人の部屋にドロボーに来るものなのである。

インド人は、自分の生活を快適にする為に他の生き物を抹殺するなんていうことは考えない。ただ共に生きる方法を考えるだけだ。だから彼等は部屋に猿が入ってくる度に棒キレを振り回し、彼等の存在に困りながらも何の対策も取ろうとはしないのだ。

宿のおっちゃんも猿が入ってきたら「このやろー！」と棒を振り上げ、猿が慌てて逃げて行くと、しばらく追い掛け回してから、わっはっはっと勝ち誇って笑っているのだった。それは猿とゲームでもしているような感じで、要するに彼等は余り真剣に困っていないようなのだ。ドロボーに来る困りものの猿とさえ、彼等は追っかけ回して遊ぶという、実に素晴らしい方法で悩みを楽しみに換えているのである。さすがインド人。ノープロブレム。

そうだ、そんなに気にすることもない、私も猿と生きてみよう。

私達はアスファルトで固めて土を殺してきた。命のない地面から命は生えてこない。私達は地面から生えてくる命を食べて命を繋《つな》いでいるのに、風にも当てず、光にも当てず、土を殺してきた。

有害物質を振り撒《ま》いて空気を殺し、水を殺し、開発のために木も、小さな生き物も殺してきた。周りの生きている全てのものを殺して、自分達だけが生き延びようとしているのだ。だけど全ては関わりあって生きていて、命は一連《ひとつら》なりなのだから、命を殺して、その命の一部である人間だけが生きるなんてことができるはずはない。

他の町でしばらく泊まっていた宿には広い庭があって、泊まっているツーリストは自分が食べた果物の皮をその庭に捨てていた。するとそのうち、どこからかウサギの家族がそれを食べにやって来る。

なんて優しい風景なんだろう。こうして私達の捨てたゴミはウサギの餌になって循環し、私達は共に生きることができる。

又、別の宿では、町の真ん中だったにも拘らず庭には野生の孔雀が何羽も舞いおりて来て、それは美しかったものだ。

コルカタでは、天下の公園で何十頭ものヤギを放牧させている人なんかがいて驚いてしまう。東京はカラスの被害に悩んでいるらしいが、人間が自分で餌を撒いておいて、カラスに、「食べるな、来たら殺すぞ」と言っているのだからインド人には理解できないだろう。道に食べ物があれば、カラスにとっては捨ててある物も撒いてある物も同じことだ。第一、もともとカラスの住んでいた場所を切り拓いて、彼等の領域に進入してきたのは人間の方のはずなのだ。

この世界は人間のためだけにあるのではない。私達は皆、共に生きる同じ一つの命なのだ。そう思って、たまに猿に餌を上げてみることにした。昼食用に買ってきたリンゴの皮を厚めに剝《む》いて（うー、贅沢）芯の回りにも多目に実を残して外の通路にばら撒いておく。

ほいほい猿さん、さぁおいで。

どこで見張っているのか、いつも猿はすぐにやって来ておいしそうに食べるのだった。

リンゴを猿と分け合って食べるなんて、動物たちと共に生きる、という理想の平和を実現したようで私は一人悦にいっていたのだが、この猿の奴、けしからんことに目が合うとフーッと歯を剝いて威嚇《いかく》しやがる。

まったくムカツクのだ。誰から餌をもらってると思ってるんだ。少しは恩を感じたらどうなのだ。礼儀知らずにも程があるというのだ。お手くらいしたらどうなのさ！

勝手に餌を撒いて喜び勝手に怒っているんだから、まったく一人相撲もいいところ。猿にすればバッカみたいってとこだろう。

すっかり気分を害してプンプンしていたら、インド人は笑ってこう言った。

「仕方無いよ。猿というのはそういう生き物なんだから。そういうものでも生きてていいんだ」

ああ、そうだ。そうだったんだ。

何も否定せず、変えようともせず、あるがままを、あるがままに受け入れる。猿は猿のままで良かったんだ。

だからインド人はそんな猿に迷惑して、部屋に入って来られる度に棒キレを振り回して追っぱらいながらも、彼等をそのまま迷惑な仲間として受け入れているのだ。

どんなものでも生きてていいんだ。何の役にも立たない奴でも生きてていいんだ。人に迷惑をかける奴でも生きてていいんだ。ドロボーだって生きてていいんだ。

そうだ、みんなそのまんまで生きてていいんだ！


インドというのは何度来ても余りに非常識で衝撃的な国だ。しかしこの国では非常識が常識であって、向こうから見ればこちらの方が非常識なのだろう。

価値観も生き方も人それぞれで、自分だけが正しいと主張してはいけない。どちらも正しいのだ。そのままで良いのだ。お互いに違いを認め合って許し合えば、それで良い。カラスに空を飛ぶなと言っても無理な話だし、魚に陸で生活しろということもできない。犬は道で寝るものだし、猿はドロボーに来るものなのだ。

こういうものじゃないと存在してはいけないというものは何もない。みんなそのまんまで生きていていい。

　私達はたった一つの価値観の中に人を押し込めて、これが常識だとか正義だとか言って、そこからはみだした人を排斥しようとする。しかし泥棒にも三分の理というように、どんな人にもその人なりの立場や事情があるのだ。私たちは相手をそのまま認め、大目に見るという大らかな気持ちを、いつの間にか無くしてしまったのではないだろうか。


　ある日お茶屋にいると、近所の宿に泊まっているスティーブが興奮した様子で隣に来た。

「今凄いもの見てきたんだ！　向こうで子猿が間違って木から落ちてきてね、すると、それを食べようとして犬が何匹も走って来たんだよ。それを見た人達は皆、その子猿を守ろうとして、それで人間と犬のすごい乱闘が始まったんだよ！　で、彼等が喧嘩している間に子猿は親猿に無事助けられて逃げたんだ」

　町の中に野生の犬と猿がいる国。野良牛も野良羊もいる国。

どんなものでも生かそうとする国。

どんなものでも生きてていい国。

こんな優しい国は他にはない。

インドは私達にこう言っている。

「そんなあなたのままでいい」

輝け希望の星

今、インドはブームなのだろうか？

久しぶりにインドに来てみると日本人ツーリストが多いのには驚いた。特に若い人が多くて、学生の休みの時期ともなると、場所によっては全ツーリストの七〇パーセントは日本人じゃないかと思うほど多い。

一昔前インドにやって来るツーリストは一風変わったヒッピー風の人が殆どだったのだが、今来ているのは、どこにでもいそうなごく普通の人達だ。海外旅行が当り前の時代になったせいなのか、それとも若い人達に何かが起こっているのか。

全てが生きているインドから日本に帰ると、日本人というのは生気がなくて魂を抜かれたロボットのように見えてしまう。皆疲れていて、そして彼等はそのことに気付き始めているのではないだろうか。

思うに人間というのは、本来、生きていることを嬉しいと感じるように創られているのだ。それがそう感じられないのは、少し尋常ではない状態、健康ではない状態、ちょっとストレスがたまってますよ、ちょっと何かが違ってますよ、という危険を知らせる注意信号なのではないか。大抵の日本人は自分が非常事態にあることに気付いていない。最近の異常な犯罪は、そのSOSの叫びのような気がするのだ。

こういう話を聞いたことがある。カエルを熱いお湯の中に入れたらカエルはすぐに飛び出すが、水の中に入れて少しづつ水を暖めていくと、カエルはいつの間にか熱くなったお湯に気付かずに茹《ゆだ》って死んでしまう、と。そして私達はストレスという水の中に入れられて、じわじわ気付かないうちに茹でられているカエルなのだ。

多分そんな中で、ちょっと何か変、お湯が熱過ぎるみたい、居心地悪いみたい、となんとなく気付いた人がインドへやって来るんじゃないだろうか。

ここは精神世界の原点、インドである。

何人かと話してみると、やはり彼等は今の日本のあり方に漠然と疑問を感じていて、何かを捜しに来ているような感じがするのだ。

そんな中で、とても印象に残っている若者がいる。私がバラナシにいる時、同じ宿にやって来たヤスさんという青年だ。

彼はガイドブックを持っておらず、ガンガー沿いに行ったら良い宿が沢山ある、と人に聞いて駅から真っ直ぐガンガーを目指し、ガンガーまで来たらボート屋の兄ちゃんパプーに声を掛けられてボートに乗り、そのパプーに教えてもらって、この宿に来たのだった。

別に何ということもない普通の話だが、ここはインドだ。これを聞いただけでも私は少しびっくりした。

私から言わせれば、これは三つの奇跡である。まず、彼がガンガー沿いに宿を捜せという正しい情報をくれるインド人に出会ったことだ。

これはインドの七不思議の一つなのだが、インド人はツーリストに平気で嘘を教える。

町を歩いていて誰かに道を訊くとする。

「ああ、それだったら、ああ行ってこう行くんだよ。十五分位歩いたら着くよ」

と自信たっぷりに教えるので、有難うとお礼を言ってその通りに行ってみると全くでたらめ、ということがよくある。いつまで歩いても着かないので又別の人に訊くと、又しても胸を張って嘘を教えてくれる。しかもそれが、この俺が言っていることは神に誓って正しいことである、任せておきなさい、みたいに実に堂々とした態度で言うのだから参ってしまう。

おかげでこっちは知らない町に着いたばかりのときなどは、重い荷物を背負ったまま炎天下を訳も分からずあっちへ行きこっちへ行き、ぐるっと回っていつの間にか元の場所に戻ったりして、うろうろすることになる。

知らないんだったら知らないって言ってくれた方が親切なのに、インド人はどうも妙なところでプライドが高くて、知らないということが言えないようなのだ。ついでに、いつでもどこでも今この瞬間を最大限に遊ぶことの天才のインド人は、一人、困ったツーリストに道を教えるヒーローになった気分でパフォーマンスして、このささやかな非日常的出来事を楽しんでいるのだ。彼等にとって大切なのは相手に正しい情報を与えることではなくて、この滅多にないハプニングをどうやって楽しむかということのようなのだ。

だから全然悪気はなくて、それどころか彼等には嘘をついているという感覚さえ無いようなので（それゆえ余計にタチが悪く、そしてオカシイ）こういう場合はこちらも腹を立てたりせず、やはりこのハプニングを楽しむしか方法はないのである。ノープロブレム。

インドで悪い人に会うとすぐに分かる。人相が悪いからだ。そして嘘をついたときもすぐに分かる。顔に出るからだ。インド人の顔というのは実に正直で、表情を見ていれば、口で何を言っていても本当は何を考えているのか手に取るように分かるのだ。

日本は本音と建前の国だから、お腹でコノヤローなどと思っていても顔だけはにこにこしたりする。しかし五才の子供のインド人にはそういう高等なテクニックはないので、嘘をついたときは分かるものだ。但《ただ》しそれはあくまで、自分が嘘をついている、悪いことをしている、という意識がある場合の話で、彼等にはそもそも嘘をついているという自覚さえないようなので、結構だまされてしまう。こういうとき、他の国には私達とは違う常識を持った人がいるんだなぁ、などと感心してしまう。

だから人に道を訊いて目的地に行く、という何でもないことも、インドではハラハラドキドキの双六《すごろく》ゲームのイベントに早変わりするのだ。

だけど道を訊けば堂々と嘘を教える人がいる国というのは、世界中でインドだけだろう、やっぱり。

だからヤスさんが、ガンガー沿いに行けば良い宿がある、と本当のことを教えたインド人にたまたま出会ったということは奇跡に近いことなのだ。五、六人に同じことを訊いて、その内三人くらいが同じ答えを言ったら、まぁ、信用してもいいが、一発で当るというのはラッキーだ。

次に、ヤスさんはガンガーに着いてすぐボートマンに呼び止められてボートに乗ったが、普通はそんなことはしない。ボート屋にも質《たち》の悪い奴がいるからだ。

大きな荷物を背負って一目で今着いたばかりと分かってしまうツーリストなんか、格好の葱《ねぎ》しょった鴨ではないか。彼はまだ相場というものを知らないから吹っ掛け放題だ。

しかしたまたまヤスさんに、ボート乗る？　と声をかけて来たのは正直者のパプーだった。一発でこういう人に当るというのも実はかなりラッキーである。

さらに驚いたのは、ヤスさんがこのボートマンに良い宿はないか、と訊いたことだ。普通は着いたばかりの町で、得体の知れない、たった今会ったばかりの人に、こういうふうに宿を訊いたりはしないものだ。

インドでは大きな荷物を抱えて歩いていれば、大抵宿の客引きが次々と声を掛けてくる。しかし日本では客引きというと、吹っ掛けるバーとかキャッチセールスとか怪しいイメージがあるし、コルカタなりデリーなりからインドに入国して、バラナシのガンガーに辿り付くまでには大抵もう既に散々騙されているから、初めて来たツーリストは見知らぬインド人などはまず信用しない。

実際、ある町には親切で有名なゴパールという宿のオーナーがいて、その町では「わしが、あの有名なゴパールだ。ガイドブックにも載ってるんだぞ」と言ってはツーリストを引っ張り込む偽者が何人もいるらしいのだ。そしてそういう偽有名人の話はあちこちで聞く。

まだ右も左も分からない新しい町に着いたばかりのツーリストは、ガイドブック片手に目星を付けた宿を捜して、宿の名前をぶつぶつ唱えながらキョロキョロして歩いている。「おーいジャパニ、何処に行くんだい？」と声を掛けられてもひたすら無視し、「××宿ならあっちだよ」と教えてくれても聞く耳持たず、ひたすら見ざる言わざる聞かざる状態になって顔をこわばらせ、重い荷物を担いで右往左往している。触らぬ神に祟り無しである。誰とも接触しなければ騙されることもない。

しかし客引きはわずかの手数料が欲しいだけだし、大抵は本当に親切だけで声を掛けてきてくれている人達なのだ。道で声を掛けてくる人が全て悪い人というわけではない。

だから素直に助けてもらえばいいのに、彼等はインド人全て嘘吐《つ》きとばかりに頑《かたく》なに拒み続け、実は全くこっけいなのだが、親切に助けてあげようとしている人に取り囲まれながらも困り果てているのだ。

そして同じ日本人の私を見つけるとホッとした様子で「日本人ですか。あーよかった。××宿捜してるんですけど、どっちですか」と、地獄に仏と言う顔で助けを求めるのだ。

インドのホテルの客引きというのは宿が誰かを専用に雇っているわけではなくて、客を連れて来てくれればその都度手数料を幾らか渡す、というシステムのようだ。しかしリキシャに乗って「××宿まで」と言ってもそこへは行こうとせず、何のかんの言って自分の知っている宿へ連れて行こうとする場合もあるから、一応特定の宿との契約みたいなものがあるのだろうか。そしてその手数料はその客の部屋代に上乗せされるようだ。

だからその辺でうろうろ暇そうにしている人は、ツーリストを見ると俄《にわ》か客引きに早替わりする。彼等は時と場合によって別のいろんな店の客引きになるようだ。これでどれくらいの儲《もう》けになるのかは知らないけど、こんなふうなツーリスト見つけた時だけの俄か商売人は結構居て、これだけで食べているのだろうからインド人の逞《たくま》しさには脱帽ものだ。

初めての場所に着いたときには宿を捜す手間がはぶけて助かる場合もあるのだが、中には、いくら知っているからいいと断っても、無理に案内するからと付きまとって何のかんのと言って一緒に宿まで入り込み、「さあ一人連れてきたから手数料を呉《く》れ」と堂々と請求したりする人もいる。厚かましいのである。連れて来たわけじゃなくて付いて来ただけのくせに。別に騙そうとしているわけではないが、何回も行っていて勝手知ったる町で、お金目当てにこういう人がしつこく付きまとってくるとうっとうしい。

だからヤスさんが見知らぬ町で見知らぬ人に宿を訊いたというのも驚きだが、そういう煩《わずら》わしさ一切なしに宿に着いたということは、これ又ラッキーなことなのだ。しかもパプーは宿のオーナーの友達だから、彼は手数料をもらうのが目的で連れてきたわけではない。

本人は全然気付いていないが、これは実にラッキーに次ぐラッキーである。

そしてそれはつまりヤスさんが出会った人全てを信用して、彼等の言葉を素直に聞いたということなのだ。

彼は心から人間というものを信じているようで、だから彼の周りには常に信じるに値する人間が吸い寄せられて来ているような感じだった。人は誰でも目に見えない電波のようなものを発していて、同じ波長のものを呼び寄せるのだ。

ヤスさんはよく話し、よく笑う、元気のいい人だった。彼が宿に帰って来ると宿のおっちゃんやボートマンのパプーと冗談を言って、いつも楽しそうな笑い声が聞こえて来るのですぐに分かった。

　普通は初めてインドに来た人はインド人とは少し距離を置き、あるいは全く近寄ろうとせず、ツーリストだけとつるんでいて、こんなふうにインド人と仲良くしたりはしないものだ。

　慣れないツーリストは見ればすぐに分かるので、そういう間はいろんな悪いインド人がトモダチトモダチと言って近付いてくる。そして皆が皆「僕はトモダチだから君を助けてあげるよ。誰も信用しては駄目だよ。他の奴は全員、君を騙そうとしている悪い奴等だ」などと言ったりするから、誰を信じたらいいのか分からなくなってパニック状態になったりしている人もいるくらいなのだ。

　しかしヤスさんは誰ともすぐに仲良くなった。

　宿のおっちゃんはあんまり自分からペラペラ話したりしない人だったが、ヤスさんが帰って来ると嬉しそうに部屋を飛び出して、いつもよく喋り楽しそうに笑っていた。

　宿のおっちゃんは他のインド人同様、お客様に対しては丁寧に振る舞わなければならない、などとは全く考えない無邪気な人だったので、相手によってまるで影絵のように態度を変えた。だから彼を見ていれば相手がどういう人なのかすぐに分かるのだ。彼は常に相手の魂の美しさだけを見た。

　そして、そういうおっちゃんを長年知っているけど、彼がこんなふうにはしゃぐのを見るのは初めてだった。これは少なからずショックだった。このおっちゃんって、あんなにはしゃぐ人だったのか。

ヤスさんの周りにはいつも人が集まってきた。彼には、誰でも出会った瞬間に心を開いて友達にしてしまう天性のものがあるようだった。出会った途端になんでも話し合える長年の親友のような気にさせるのだ。

この人と一緒にいると楽しくて元気が湧いてきた。この人にはそういう力があった。ヤスさん自身が楽しくて元気一杯の人だったからだ。自分のあり余っている元気を周り中の人に振り撒いて皆を元気にし、その元気を返されて、ますます元気になるといった感じの人だった。そしてヤスさんの感染力は強力だった。

ガートを歩くと「ボートカワ、ボートカワ」とか「ポストカード」とか「サリー、シルク」とか、十秒に一回位いろんな客引きが声を掛けてくる。

毎度のことだと面倒臭いので大抵は無視するか、手だけ振って要らないよ、と合図したりするものだが、ヤスさんはまるで友達から声を掛けられた時の様にいちいち一人一人に返事をしていた。

彼等は無視されるのに慣れているから、たとえ断るにしても、そういうふうに言葉を返されることが嬉しいのだろう。ヤスさんが「おー、こんにちは！　今日はボートはいいよ！　ありがとねー！」と返事すると、ボートマン達は断られたにも拘らず、皆、嬉しそうにパッと顔を輝かせて「そうか、じゃ、又今度な！」と言うのだった。

ヤスさんはそういう言葉を、口先だけのお愛想ではなくて心から言っているようだった。

凄いなぁ、この人。たった一言だけでこの人はみんなを笑顔にしてしまう。

ヤスさんはエネルギーに満ち溢れた人だったので、やたらと声が大きかった。

インド人は皆一様に声がデカイ。ついでによく喋る。だからうるさい。女と言う字を三つ固めて書けばかしましいと読むが、インド人と三つくっつけて書けば、それはそうぞうしいと読むに違いないのだ。

酔っぱらった時は人間は声が大きくなるようだが、酔っぱらうということは、つまりリラックスするということだ。そしてリラックスして本来の自分でいる時、人間は声が大きくなるようだ。子供だって身体は小さいのに声は大きい。

多分、私達が小さい声で話す時は何かあるのだ。体調が悪いとき。人に聞かれてはまずい悪い考えを話すとき。言ってることに自信が無いとき。嘘をつくとき。もしも「今から泥棒に行こうぜ」なんていうことを大声で言える人がいたら、お目にかかりたいものだ。だから小さい声で話をするということ自体、本当は健全じゃないのだと思う。

しかしインド人は健全なので声が大きい。そしてヤスさんは、そのインド人より更に声が大きかった。

煙草一個買うのも、

「ラッキーシガレット！　プリーズ！」

と腹の底から声を出し、そこらにたむろしている人たちが全員、何事かと振り返り、道を開ける程だった。まるで道場破りに来て「頼もう！」と試合を挑んでいるような大迫力で、なにもそこまで気合いを入れなくても、と思うが、彼は別に気合いを入れているわけではないようだ。

これだけ声が大きければ、まず悪人は近付いてこられないだろう。小声でしか話さない悪人は、同じように小声の人に寄って行くのではないだろうか。もしも間違って誰かが、「麻薬はどうだ」と囁《ささや》きかけてみても、ヤスさんの大声で「ナニ、麻薬？　いらないよ！　ありがとね！」などと腹の底から返事されたりしたら、たちまち顔色を変えてピュンと逃げて行くに決まってる。この正正堂堂とした態度には、卑屈《ひくつ》な泥棒なんか弾き飛ばされてしまうに違いないのだ。

この人を騙せる人なんか此の世にいるのだろうか。彼には、そういう邪《よこしま》な心を持った人を撥ね返す強い力があるように見える。

それに仮に誰かが悪意を持って近付いて来たとしても、ヤスさんの魔法に触れたら誰も皆この人の虜《とりこ》になって、この人を助けてあげたいと思うようになる気がするのだ。

ヤスさんという人は、人の心の中にある悪を全く見ないのだった。これっぽっちも人を疑わないのであった。常に人を善《よ》いものとして観《み》ているようだった。この人は猜疑《さいぎ》心や警戒心や敵対心というものを全然持ち合わせていないに違いない。

インドは鏡のような国である。こちらの心がそのままダイレクトに映し出される。

それは日本でもどこでも同じことなのだけど、インドは極端から極端までのありとあらゆるものが存在しているので、こちらの心の中身がそのまんまにバーンと現れてくるのだ。だから自分の中にある自分さえ気付かなかったものが映し出されて、思いもかけなかったどんな人とも出会うことができる。

自分は信じた通りのものであるし、相手も又信じた通りのものになる。相手を善いものとして観れば、相手は善いものになるのだ。

試しにヤスさんにインドで何か嫌な思いをしたことがあるか、と訊いてみたら、一度だけあるという。バラナシに夜中に着いて一晩だけ泊まった駅近くの宿の対応が悪かったらしく、その時は「ちゃぶ台があったらひっくり返してやろうか」と思うほど怒り狂ったそうだ。（彼は巨人の星が大好きだった）

しかしそれだけである。驚きなのだ。彼はコルカタでホームステイをしていたらしいから移動はしていないとはいえ、インドに三ケ月もいて、怒ったことがこれだけというのは奇跡に近い。私なんかしょっちゅう怒っている。

インド嫌い病にかかって宿から一歩も外へ出られなくなる人や、インドは大好きだけどインド人は大嫌い、インドにインド人がいなかったら最高なのに、などと全く有り得ない矛盾したことを言うツーリストもいるくらいで、三ケ月もいればキレ過ぎでボロボロに疲れる人は多い。

ヤスさんには全然偏見というものがなくて、肌の色や国籍や服装や職業や、そんなことには一切囚《とらわ》れず、彼は常に相手を一人の人間として見ているようだった。そして人間というのは、彼にとって信じ合える仲間なのだろう。

彼はインドに来て、インド人は人懐《なつ》こくて親切だ、と思ったに違いないが、そうではない。これは、実は彼自身の姿なのだ。

本人は全然そのことに気付いていないのだが、この人は凄い人だった。こんな人もいるんだ。

いつかバスの中で出会ったツーリストは、インド人はみんな冷たいから嫌いだ、と言っていたが、彼はぎゅうぎゅう詰めのバスの中で椅子に座り、その隣には荷物を置いてもう一人分を占領していたのだった。あんたが優しくないのに他の人が優しくしてくれるわけはないではないか。親切にしなくてもいいならしたくない、と思っている人には、相手もそのように接するものだ。結局、誰も映し出された自分の姿を見ているだけなのだ。

たまに、ガイドブックで良い宿と紹介されているところに行ったらひどい目に会った、とか言っている人がいるけど、それはその人の方に問題があったのに違いない。

だから何か不愉快な事があった時は、自分の姿が映し出されているのだ、自分の間違いを教えてくれているのだと気付いて、そこから学べばそれで良い。

もしも親切に助けてあげようと思って近付いてきた人に、金目当てじゃないかなどと警戒の目を向ければ、相手は確実にこちらの心を読んで、そんなふうに思っているならお望み通りにしてやろう、と騙す人になるだろう。本当は親切なはずの人を、疑いの心によって金目当ての人に変えてしまうのだ。

誰の心の中にも神様の心と悪魔の心があって、自分が相手のどの部分を引き出すかの問題なのだ。そして神様の心を引き出す方法はただ一つ、相手を信じることしかない。

インド人というのはこちらの心次第で、瞬時に、これが同じ人かと思うほど豹変《ひょうへん》する。そしてこちらが信頼すれば必ずそれに応えてくれる。こちらが信頼した分は必ず助けてくれるのだ。自分の心が相手の姿を変える、これがインドなのだ。

どこの国にも悪い人はいるように、全てのインド人が良い人というわけではない。むしろ不慣れなツーリストに寄って来るのは悪い人の方が多いのだ。しかしヤスさんの周りには良い人しか寄って来ず、悪い人さえ、この人のオーラにかかれば善人に変身してしまうのではないか。信頼には信頼が返ってくるのだ。

うちは田舎だから爺ちゃんの権力が強いんですよ、と言ってたけど、爺ちゃんが凄い人なんだろうなぁ、きっと。

今の日本は人間さえ使い捨ての国である。輝くような人生の知恵を持っているはずの、お年寄りの威厳が失われてしまったことは大いに問題だと思う。

彼は子供が大好きで、小学校の先生だったということで、私に熱く教育のあり方を語った。理想の教育に燃える熱血漢の彼は、体裁を気にし、責任逃れだけを考えている、やる気のない学校のあり方に疑問を持って仕事を辞め、自分の新しい道を捜すべくインドにやって来たのだった。コルカタでインド人家庭にホームステイしながらマザーテレサの施設で三ケ月程ボランティアをして、今は休暇でバラナシに遊びに来ているのだ。

ヤスさんはずっとインド人家庭でカレーばかり食べていたから違うものが食べたいと言うので、私は日本食を出す店に連れて行った。そこの定食はなかなかいけるのだ。

注文した豚の生姜《しょうが》焼きが出てくると、ヤスさんは、おお！　と歓声をあげ、うまい！　うまい！　と叫びながら本当においしそうに食べるのだった。実に気持ちの良い食欲である。

私は学生街に住んでいたとき、たまにお昼に定食屋なんかに行ったりしていたが、若い男の子でもおいしそうに食べている人は殆ど見かけない。大抵テレビを見ながら、あるいは漫画を読みながら、つまらなそうに食べている。ヤスさんの食べ方は見ているこっちまで嬉しくなってきてしまう。こんなに嬉しそうに御飯を食べる人もそういない。こんな人に食べてもらったら食べ物だって本望だろう。

たとえ食料難が来ても、この人の周りには食べ物の方から「食べて食べて」と言って寄ってきそうな気がした。どんなものだって自分を喜んでくれる人のところに行きたいのだ。

ヤスさんは近くにあるお釈迦様が初めて説法した場所、サールナートの日本寺に行くことを誰かに勧められたら素直に大喜びで行き、御勤めに参加できて良かった、佐々木和尚さんと話ができて良かった、と大喜びで帰ってきた。ちょうど断食の修行をしている日本人の女の子が滞在していたらしく、彼は、そうか断食か、俺もやろうかなぁ、とすっかり感化されて帰ってきた。

見るもの聞くものが新鮮でたまらないといった様子だった。毎日毎日発見がある、新しい扉が開く、世界が広がっていく。知らなかった事に出会う、気付かなかったことに気付いていく。

ヤスさんのその時の喜びが手に取るように分かった。

ヤスさんは私の話にもいちいち素直に感動した。

「高い所にある聖地ではね、熱を出すツーリストが多いらしいのよね。それは寒くて風邪を引くっていう形を取ってるけど、実は山の上の清らかな波動に身体が同調しようとして、今まで身体に溜めてきた悪いものを出そうとしているだけ。それが熱として出てくる。だから病気というのは本来良い事なんだ。禊《みそぎ》のようなものだ」

こういう話をするとヤスさんは「えー、そうだったのか!」と大真面目に驚いて感動し、二、三日前、自分が風邪を引いて熱を出したことさえも素直に喜んだ。ふうん、それは面白い考えですね、と斜《はす》に構えたり、理屈っぽいこと言って本当かいな、と疑ったり、あほくさ、そんなことあるわけないじゃん、と馬鹿にしたりしない。

これだけ素直だったら、この人は一体どれくらい沢山のことをインドから学ぶだろう。

この人のハートはいつも全開に開け放たれていて、見るもの聞くもの全てが、そのまんまこの人の中に取り込まれていっているようだった。彼の触れた未知のものはすぐに彼の中にすっと入っていって彼の一部になり、新しい彼を形成していくのだ。

ヤスさんはいつも何かに感動していた。そして感動するということは、それに自分を明け渡すということだ。

ヤスさんは、又何か新しい事に出会える、といつも目を輝かせていた。そして何かを見る度、聞く度に、ますます目を輝かせていた。

彼の中には一〇〇パーセントの希望があった。だから彼は必ず自分の捜しているものに出会えるだろう。

子供がよちよち歩きを始めるとき、子供は決して、自分はもしかしたら歩けるようにはならないかもしれない、とは考えない。言葉を話し始めるときも、自分は話せるようにはならないかも知れない、とこれっぽっちも疑わない。だから歩けるようになり、話せるようになるのだ、きっと。

伸びていく喜び、成長していく喜びだけがある子供のように、ヤスさんのなかにも、新しい未来を掴《つか》もうとする希望だけがあるように見えたのだ。

彼は子供のように純粋だったから、子供の気持ちが分かるんだろう。この人は、きっと将来、子供達のために何か良い仕事をするだろう。

良い若者は多かったが、この人はピカ一だった。こんな人が居るんだ。

この人との出会いは、日本もまだまだ捨てたものじゃない、と私に思わせてくれた。こういう人を国宝だと言うのだ。国の宝なのだ。こういう良い青年がこれからの日本を創っていくのだ。

ヤスさんは又新しい扉を開くために、「今からブッダガヤの日本寺に行って断食をしてきます！」と元気一杯に出て行った。

あっぱれ、ヤスさん。

サドゥってなに

「わしは娘が全部結婚したらサドゥになるつもりなんだよ」

ある日、知り合いのお茶屋のおじさん、クリシュナがこう言った。

インドにはサドゥというインドヒッピーみたいな人がいるのだ。

彼には四人の娘がいて、もう上二人はすでに結婚しているのだが、残り二人も片づいたら、彼は家を捨て、家族を捨て、仕事を捨ててサドゥになり、聖地巡りをするのだと言う。

私はそれを聞いて驚いた。彼は見たところもう五十才は過ぎているが、一番下の子はまだ十才にもなっていない。インド人は早婚のようだからそんなに長くはかからないだろうが、この人は六十も過ぎてから放浪の旅に出る、と宣言しているのだ。

インドには、子供を育て上げて社会的責任を果たし終えたら全てを捨てて神様に身を捧げよ、という教えがあるらしい。


普通、日本では、私達は豊かな老後のために働くのだ。もしかしたら、そのためだけに働いていると言っても過言ではないかもしれない。嫌なことがあっても辛いことがあってもひたすら我慢して耐え、苦しい家計をやりくりして家を買ったり、保険に入ったり、貯金を積立てたりして財産を作り、もしもの時に備えるのは老後の安心のためだろう。年取って体力も気力も衰えたときに、一人ぽっちで一文無しのホームレスになるなんて悪夢そのものではないか。

この冷たい御時世には兄弟も子供も当てにはならないし、迷惑をかけて嫌がられ、惨《みじ》めな思いはしたくない。病気になってもお金が無ければ始まらない。

老後こそはそれまでの人生の集大成。定年退職したあと最後に笑うのは、それまでコツコツ真面目に働いて財産を築いてきた者なのだ。お金こそが全ての鍵を握っているのだ。泣くも笑うも金次第。お金こそが自分を救ってくれる神様なのだ。だから年取った時に惨めな思いをしないように、その時のために、私達はせっせと財産を築いておくのである。

なのに彼は年を取ったら今まで築いてきたもの全てを捨てるという。汗水たらして店を守り、苦労して四人の娘を育て、全員結婚して片づいたら彼は呑気な隠居暮らしをしても良いはずなのに、そんな優雅な身分を捨てるというのだ。

もしも苦労して築いてきたものを全て奪われてしまったら、日本人なら、今迄の自分の人生は何だったのだと絶望するだろう。何かを手に入れるために、何かを築き上げるために私達日本人は生きているのだから。六十才になったら全て取り上げますよと言われれば、誰も皆、働く意欲なんか無くしてしまうに違いないのだ。

彼は子煩悩《ぼんのう》で奥さんとも仲がよく、彼の店に行くといつも家族が集まって和気あいあいとして楽しく、家庭が面白くないから遁走《とんそう》するというわけではない。まして借金の取り立てか何かに悩んで、何かから逃げたいと言うわけでもない。

年を取ってから一人ぽっちのすかんぴんになるなんて、日本人なら悪夢としか思えないような状況をこの人は楽しみにしているのだ。信じられないことである。そして将来捨てられてしまう運命にある彼の奥さんも又、何のこだわりもなく、にこにこしてそれを受け入れていた。

インドにはサドゥとかババとか呼ばれる人が沢山居る。この人達が何なのか、実を言うと今もってよく分からない。サドゥとババが同じなのか、違うのかもよく分からない。だからこの本の中でも、そのときの気分でババと書いたりサドゥと書いたりしている。

日本語にすれば、行者《ぎょうじゃ》とか遊行《ゆぎょう》僧とかいうことになると思う。彼等の中には長い間山に篭《こ》もって瞑想し、ある超人的な力を身につけて人々から崇《あが》められている人もいると聞く。

つまりサドゥというのは、有難がられているホームレスのようなもの、かも知れない。

彼等が子供を育て上げた年配の人ばかりかと思いきや、若い人も結構いる。勿論、年取ったら皆がサドゥになるかといえば、そんなことも全くない。

こういう人達になるには何かの資格とか儀式とかがいるものなのか、あるいは、俺は今日からサドゥだ、と宣言すればそれでなれるものなのか、それもよく分からない。誰か詳しい人がいたら教えて欲しい。

彼等は大体オレンジ色の衣を身につけている。黒い衣の人や、白い衣の人や、何も着ていない人もたまにいる。彼等はお金を持たず、仕事を持たず、家も家族も持たず、ほんの少しの荷物が入ったずだ袋一つと杖を持って、あちこち放浪して生きているようだ。

彼等は全てを捨てて、神様に到達することだけを目指して生きている聖者なのだ。

聖地ではお寺の前にずらりとサドゥが並んで座っていて、その近くには必ず両替屋さんも並んで座っており、お札を小銭に替えてくれる。

その小銭をサドゥの置いている器のなかにチャリンチャリンと入れながら歩いていると、一緒にいたツーリストは、

「ちょっと、止めなさいよ。この人達は乞食なんだから」

と断定するのだ。何と言う爆弾発言。

「サドゥにお金を要求されたら私はいつもこう言うの、あんたはサンニャーシー（出家僧）か。相手はそうだ、と言うでしょ、そしたらお金なんか必要無いでしょう、と言うと必ず相手は黙るのよ」

又別の人はこう言った。

「僕はそういう時、金は幻である、と言うんだ。これも必ず相手は黙るね」

私は昔、サドゥというのは尊い人だと思い込んでいたので、彼等からお金を要求されれば、どうぞどうぞ、と差し出し、物を要求されれば、やはり、へへー、と一も二も無く差し出していた。しかし今回聖地巡りに旅立つ時に、何人ものインド人にこう忠告されたのだ。サドゥには気を付けろ。

サドゥ乞食説と言い、インド人の忠告と言い、どうもサドゥがサドゥというだけで偉いという

わけではないらしい、ということに私は初めて気が付いた。

実際ツーリストと見ると、「おい、ちょっと来い」と人を犬のように呼び付けて、「これを買え、上物《じょうもの》だぞ、ちょっと吸えば天国に行けるぞ」などと怪しげな物を取り出す、チンピラのようなサドゥもいる。

何の世界でも同じだが、要するにサドゥと言ってもいろいろなのだ。


ある聖地にいたときのことだ。そこは高い所で、その日はシトシト雨が降っていた。お寺の参道を歩いていると、私の姿を見て向こうからドドドッと走って来た人がいた。サドゥだった。彼はいきなり私の服を摑み、ある店の中に引っ張り込んで傘を指さし、

「これを買ってくれ！」

と言った。

高地だから雨が降れば寒い。傘くらい欲しいだろう。今までの私だったら買ってプレゼントしてあげていたかもしれない。彼等は聖人だから、私達俗人は彼等のために喜んで寄付をするべきである、と信じていたからだ。

しかしそういう固定観念を捨ててみれば何のことはない、彼はただの厚かましい人ではないか。そもそも私が外人だからといって、一目散に遠くから走ってくるという、その根性が気に入らない。うわー！　お金持ちめっけー！　と思ったのだろう。あんなに遠くから必死の顔して走って来て浅ましいのだ。私はアンタのパトロンか。外人イコール金持ち、と考えるのは分かるけど、

こんな奴にはビタ一文やるもんか。傘がなけりゃ生きていけないんならサドゥなんか止めてしまったらいいのだ。フン。

インドには布施という考えが深く浸透していて、金持ちは貧しい人に与えるべきである、と教えているようだ。しかしそれを逆手に取って、だから貧しい人が金持ちに要求するのは当然なのだ、さあ、よこせ、と考える厚かましい人は実に多いのだ。

しかし乞食紛《まが》いのことをしていようと厚かましい要求をしようと、彼等が無一文でこの世界を渡っているのは事実であり、しかも彼等は、それをちっとも惨めだとは思ってはいないようなのだ。希望に目を輝かせている乞食がいないのと同じように、無一文にも拘《かかわ》らず絶望に打ちひしがれているサドゥも見たことがない。一体どうしてお金無しで幸せでいることができるのだ？

日本にもお金無しで生活しているホームレスの人達はいるけど、彼等は社会からはじき出された人達だ。自分から好んでそういう状態になったわけではない。彼等はまともな生活に戻りたいと思っていてもそれが叶《かな》わなくて、仕方なく今の状況に甘んじているか、あるいは再び立ち上がる力を無くしてしまった人達なのだろう。

しかしサドゥは自分で好んでホームレスをしている。しかも一文無しにも拘らず、彼等は結構楽しそうにしているのだ。そしてこのサドゥこそが、インド人の最も尊敬する人達らしいのだ。

もしも日本のホームレスで、一円も持たずに人生が楽しくてたまらないという顔をしている人がいたら、それはおつむの弱い人だろう。家も金も無しで幸せになれるわけがない、というのが日本の常識なのだから。しかしサドゥは幸せそうにしている。

どうしてそう楽天的でいられるのだ。どうして今日の食事のこと、今夜の寝床の心配をしないで幸せにしていられるのだ。


初めてインドに来た時、デリーの街の真ん中で私は一人のサドゥに会った。

その人は私を見ると手に持っていた器を差し出して、お金を呉れ、という意味のことを言った。その時はまだインドに来たばかりでサドゥというものの存在を知らなかったし、ただ、何この人、と不審に思ってすぐに無視して通りすぎたのだった。

しかし、その時は何とも思わなかったそのサドゥのことを、私は何故か今でも時々思い出す。もう十六年程もたったのに、私はあの時のサドゥの目をはっきりと覚えている。彼の目は、真っ直ぐだったのだ。


五千メートル近い山に登ったときにも、途中何人かのサドゥとすれ違った。全員裸足で、ずだ袋にほんの少しの荷物を持ち、肩に毛布を担いだだけの軽装だった。

雨がパラッとでも降ろうものなら、私はすぐにゴアテックスの合羽《かっぱ》を取り出した。高地で身体を濡らしてはならない。ただでさえ寒いのだ。こんな所で身体を冷やしてしまったら命取りである。合羽は山に登る時は命の次に大切なものなのだ。

寒いのには耐えられない。私は自分が持っている全ての冬服を持って来ていた。セーターに毛布、靴下も三足は持っていた。こんな高い山に来るのは初めてだったので、どれくらい寒いのか見当もつかない。冬服は命の次に大切なものだった。

非常食と水は結構重かった。こんな山の中で道に迷ったりしたら大変だ、レストランなんかないのだ。食べもの無しでは生きて行けない。非常食と水は命の次に大事だった。

高地では晴れると陽射しが強い。あら、いやーん、日焼けしちゃうじゃないの。だから日焼け止めクリームは女にとって命の次に大事なものだった。

それにこんなところへは、いつ再び来られるか分からない。しっかり記録を残しておく必要がある。だからカメラと日記帳は命の次に大切なものだった。

薬だって必要だ。これも又命の次に大切なものだ。

合羽も冬服も非常食も、全て山登りの必需品なのだ。それが常識ではないか。

しかし彼等は何も持っていない。合羽さえ持っていない。雨が降っても平気で濡れている。これは自殺行為である。こいつ等みんな気違いか？

分からない。私にはどうしても分からない。一体どうしてそんなことができるんだ！

幾らサドゥというのがそういう存在だと分かっていても、実際にこうして目の前で見ると、余りの驚きに絶句してしまうのだ。

彼等は山に登るからといって特別な準備は何もしない。いつも持っているわずかな荷物だけだ。この人達の逞しさは一体なんなのだ。

雨が降ったらどうしよう。雨に濡れるだけである。水や食料が尽きたらどうしよう。飢え死にするだけである。サドゥは自分に起こってくる事を全て受け入れようとしているようである。

だけどどうしてそんなことができるのだ。どうして山の中で雨が降ったらどうしようと心配しないでいることができるのだ。どうして濡れることが恐くないのだ。どうして病気になったらどうしようと不安にならないでいることができるのだ。どうして病気になることが恐くないのだ。どうして死んでしまったらどうしようと恐怖しないでいることができるのだ。どうして死んでしまうことが恐くないのだ。一体どうして。


インドでリキシャなどに乗ると、乗る前には十ルピーと言っておいて、下りる時にはやっぱりもっとよこせと急に態度を変えたりする人がいる。男に二言も三言もありなのだ。彼等は簡単に前言を翻《ひるがえ》してもっと取ってやろうとジタバタし、潔《いさぎよ》さのかけらも感じられない。

しかしインド人は病気になったときにはジタバタせずに、そこで、もはやこれまで、と覚悟しているような気がする。そして死ぬときには、やはり潔く死んでいくような気がするのだ。

死ぬことを何よりも恐れ、病気になったら悪霊に取り付かれたかのようにパニックに陥り、何が何でも退治しようとあらゆる手を尽くして延命治療をし、一日でも一時間でも長く生きようともがいている私達日本人とは違うような気がするのだ。

日本人にとって年を取って病気になる、というのは多分人生最大の恐怖で、だからその時のためにしっかりした保険に入っておくのだ。しかし彼等は病気になったらそれを受け入れ、死ぬ時にもやはりその死を受け入れるのではないだろうか。

サドゥは何が起こっても、全てを起こるがままに任せているように見える。起こってくること全てを肯定しようとしているように見える。そして多分そこには、人間の力を超えた「何か」に対する絶対的な信頼があるに違いない。それは自分自身を放棄して、大いなるものに任せ切った大安心《だいあんじん》の境地に違いないのだ。

あるインド人がこう言ったことがある。

「生まれるとき、結婚するとき、死ぬときは神様が決定する。この三つは人間の力ではどうにもならないのである」

死ぬ時を決定するのが神様なら、幾ら人間が自分の力で何とかしようとあがいても、それはどうにもならないのだ。生き死にが神様次第なのだったら、それをどうにかしようと悩む必要はどこにもない。

もしも病気になっても、自分が生きる運命にあるのなら誰かが助けてくれるかもしれないし、病院に入れなくても自然に快復するだろう。しかし、もし死ぬ運命なら、幾ら最高の治療を受けてあらゆる手を尽くしても死ぬしかないのだ。それなら何のために病気になったときのための備えをしておく必要があるのだろう？

私達日本人は、お金を払って良い病院に入って良い治療を受けられれば寿命は伸ばせると思っている。寿命がお金で買えると、死を先伸ばしできると思っている。生き死にを人間の力でコントロールしようとしている。私達の心の中にある死に対する恐怖がそうさせるのだ。

私達の心の中には余りに沢山の不安が渦巻いている。お金を貯え財産を築くのは、この不安を埋めるためなのだろう。何かあったときに助けてくれるのはお金だけ。だからたとえ今、目の前にお金を必要として困っている人がいても決して渡さず、自分のためにしっかり隠しておくのだ。

私達の心の中は不安で一杯なのだ。仕事を無くしたらどうしよう。事故に会ったらどうしよう。泥棒に入られたらどうしよう。病気になったらどうしよう。家が火事になったら、犯罪に巻き込まれたら、食料難に襲われたら、地震がきたら……どうしよう！　不安で不安で不安でどうしようもなくて、だからお金で安心を買うのだろう。

私達の心の中は何か悪いことが起こるという恐怖で占められていて、だから何も悪いことが起こらない様にいつも薄氷の上を歩くようにビクビクして生き、それでも万が一氷が割れて落ちてしまったときのために、重い命綱を背負って歩いている。

少しでも死の危険性のあるものには近付かず、だから危険な山に登るときは合羽も冬服も水も食料も全て持って、万全の準備をしてから行くのだ。

しかしサドゥは死ぬ事を恐れていないようだ。もっと長く生きたいと思ってあがいたりもしないようだ。どうして恐れないでいることができるのだ？

サドゥには何も恐いものがなくて、もしもこうなったらどうしよう、と考えないのだろう。恐怖から完全に解放されていて、だから彼等は何もなしで生きていけるのだろう。

彼等は悪い事が起こるのが恐くないのである。病気になることが恐くないのである。死ぬことさえ恐くないのである。そのように見える。これこそ正に究極のノープロブレムではないか。

だけど一体どうしてなのだ。どうして何が起こっても受け入れることができるのだ。いったいどうして。

いくら保険を掛けても、いくら寿命を伸ばそうとしても、死から逃れることは誰にもできない。死そのものを避けて通ることは誰にもできないのだ。

自分はいつか死ぬ。私達の心にこの恐怖が巣くっている限り、人間は本当に幸せになることはできはしない。

自分がいつか死ぬ存在であることを知り、だから今自分が生きていることの素晴らしさに目覚めている人、此の世には自分の力ではどうにもならないことがあることを知り、その自分の力を超えた「何か」があることを知り、そしてその存在に任せ切ることに目覚めた人、それがサドゥなのかもしれない。

自分を超えたその力は善であり、愛であり、知恵であり、完全である。だから何も心配せず、安心してその力に委《ゆだ》ねておけば、必ず全てはうまくいく。たとえどんなに悪く見えることが起こったとしても、それは必ず良いことなのだ。そういう絶対的な信頼があるから、彼等にとっては悪いことなど起こりえようがないのだろう。

彼等は自分の力で頑張らなくちゃとは思っていない。自分の力でどうにかしようとは思っていない。自分の力で生きているとは、多分露《つゆ》ほどにも思っていないのだ。

インドには輪廻の思想が深く浸透していて、人間は死んでも何度も何度も生まれ変わる、と教えている。

サドゥは知っている。

この自分は死ぬけれど、それは肉体が滅びるだけで、本当は自分は死なないのだと。この肉体は自分ではない。肉体はただの服のようなもので、死は古くなった服を脱ぎ捨てるようなものだと。

本当の自分は命である。命は死なない。

サドゥは、自分は決して死なない、生き通しの命そのものだと知っているから、彼等にとっては死は存在しないのだ。そう思う。


聖地巡りの途中、サドゥには沢山出会った。

私はバスがあるところはバスで移動したが、巡礼の旅の途中、聖地に向かって一人山道を歩いている人がいると、それは必ずサドゥである。

お四国の遍路とはわけが違う。彼等はお金を持っていないし、靴も履いていない。夜はふかふかの布団の上で寝るわけではないし、御馳走が並べられた夕食の席に着くわけでもない。

彼等は歩いているのだ。ただひたすら歩いているのだ。全てを神様に委ねて、神様の居る場所を一つ一つ訪ねて歩いているのだ。

トレッカーが山に登るときに万全の準備を整えていくのは、彼等にとって山登りは遊びだからであって、生きて帰ってくることを前提としているからだ。しかしサドゥにとって大切なのは神様に出会うことだけで、だから生きるか死ぬかは大した問題ではないのだ、きっと。

彼等は前だけを見て顔を上げて歩いている。まるでそこにエネルギーが立っているかのように背筋を伸ばし、何の憂《うれ》いも迷いもないような目をして、真っ直ぐに前だけを見て歩いている。

サドゥが歩いている。もくもくと。

どうしてこんな人間が存在しているのだ。


日本では働かざるもの食うべからずという。しかしインドでは働かない者も食べていいのだ。サドゥが立派な人ばかりでないのはインド人が一番良く知っている。しかしサドゥがただの仕事嫌いの怠け者だとしても、その中身には関係無く、インド人は彼等を生かそうとしている。

実際、聖地にはサドゥや貧しい巡礼者のための無料の宿泊施設が用意されていて、無料で食事を振る舞うところもある。食べられなくてガリガリに痩せているサドゥというのは見たことがない。

サドゥというのは何の生産的活動にも従事していない、日本的感覚で言えば役立たずの人達だ。役に立たない人間というのは、日本では必要とされない、生きていなくていい人達ということだ。しかしインドでは、そんな人でも大手を振って生きていていいのだ。こんなに優しい国はどこにもない。

サドゥのような人がいるのは世界中でインドだけではないだろうか。他の国ではこんな人は生かしてはくれないだろう。サドゥはインドにしか存在できないのだ。どんな存在でも生かそうとする国だから、この国にはサドゥが生まれた。

インドというのはサドゥが存在する国なのである。インドはサドゥが生きていけるからインドなのだ。

日本では生きていけないようなものもインドでは胸を張って生きている。働かずに食べようとしている人も、社会に何の貢献もしようとしない人も堂々と生きていていい。サドゥも生きていていいのだ。

サドゥというのはインドにだけ生息する「先進人」の事なのだ。


日本で尊敬されるのは優秀な人、才能のある人、競争を勝ち抜いてきた人、要するに仕事ができる人だろう。あるいはより多くを持っている人かもしれない。

しかしインドで重視されるのは、その人の霊性の高さのようだ。インドでは政治家よりも大学教授よりも社長さんよりも、聖者が一番尊敬されているのではないだろうか。

町を歩いていると、たまに真っ裸のサドゥがいたりしてびっくり仰天してしまう。しかも、そんな人がいてもインド人が何とも思っていないことに、又こちらは驚いてしまう。他の国ではこういう人は露出狂の変態と呼ぶのだ。

サドゥは大きくシバ派とビシュヌ派に分かれ、シバ派の中でもナガサドゥといわれる人達は一糸まとわぬ姿で生活しているらしい。

パンツくらいはいたらどうなのさ、と思うけど、インド人はパンツさえ持っていないこんな人達を、「おお、彼はパンツもはいていない」と言って敬っているのだから、やっぱり変な国だ。インド人は神様大好きで、家の壁や車の中には必ず神様のポスターが貼ってある。日本人のように綺麗な景色の絵や、水着姿の女の子の写真を貼るわけではない。インド人にとっては神様こそが一番大切なもので、神様こそが彼等にとってのスーパースターなのだ。神様をこんなに愛しちゃってるんだから実に凄い国である。

そして聖者というのは神様に最も近い存在だから、インド人は聖者を崇めるのだ。

お寺の参道にはトゲトゲの茨《いばら》の上に寝たり、変なヨーガのポーズをとったりしてお布施を集めている大道芸人みたいなサドゥがいる。

ある聖地には頭にヤドカリみたいに大きなターバンを巻いたサドゥがいて、その中には正味髪の毛が詰まっている。そしてこのターバンを解き、中の髪の毛をびろーんとばらけて写真を撮らせてはツーリストからお金を貰っているのだ。彼がサドゥというだけで髪が長かったら有難いような気がするから不思議なのだが、髪の毛の長さだけでこの世の中を渡っていこうとしているのだから、このサドゥもけったいな人である。

ヒマラヤには温泉の出る村がいくつかあって、冬ともなれば、そこはサドゥのたまり場になるそうだ。暖かい家を持っていない彼等は、寒いときには暖かいお湯に浸《つ》かりたいよね、やっぱり。

サドゥというのもなかなか優雅な生活をしているようだ。

聖者とは程遠くても、家も仕事もお金も無しに人生を謳歌している人がサドゥである。全てを神様にお任せしてどうにかなるさと何の心配もせず、そして実際どうにかなっている人、それがサドゥである。働かずに食べようとしている人がサドゥであり、そして彼等は実際しっかり食べているのだ。

偽者だろうと何だろうと悲愴《ひそう》な顔をしたサドゥは見たことがないし、また偽者だろうと何だろうとインドはサドゥを生かそうとしている。

こんな非常識な人が堂々と存在していることに私は驚き、こんな不届き者をそのまま存在させているインドという国に、私は又驚くのだ。

サドゥ、それは裸一貫で至福の中にいる人のことである。

光の道・聖地へ

聖地へと続く山道を、何も交通手段はないと思って一人とぼとぼ歩いていたら、後ろからジープが来て「乗れ」と止まった。

何だ、ジープがあるのか。どうして誰も教えてくれなかったのかな。それともこちらが分かってなかっただけなのかな。良かった。もう陽も傾きかけているのに、まだ三時間程も歩かないといけないと思っていたのだ。

しかしそのジープには誰も乗っていなかったので、私は警戒した。こういう時うっかり乗ると、降りるときに途方もない貸し切り料金を請求されることがあるのだ。

「何してるんだ。早く乗れ。向う側へ行くんだろう」

「いくら？」

「え、何」

「いくら？」

「あはは。なーんだ料金の心配をしてたのか。二十ルピーだよ」

良心的な人らしい。

このお兄さんは名前は忘れてしまったが、クリクリよく目の動く陽気な人で、くねくねの山道をびゅんびゅん飛ばした。

ここは素晴らしく綺麗な所だった。山を登ってカーブを曲がる度に新しい景色が展開して、その度にうわーっと息を呑み、その思いがけない美しさに釘付けになった。傾きかけた西の空から降り注ぐ光、その光を反射してキラキラ光る森の緑。まるで神様が光の絵の具を使って描いた絵の世界の中に入り込んだようで、こんな美しいところが此の世にあるのか、と思うような美しさだった。

こんな美しいところを車で飛ばしていくのはもったいない。時間があればゆっくり歩いて行きたいところだ。

こんな山奥にも人が住んでいるんだろう。たまに何人か連れだって農作業の帰りらしい人達が歩いていて、こんな美しいところに住めるなんてラッキーな人達だなぁ、と少し羨《うらや》ましくなってしまう。私の住んでいる町は灰色のビルばかりで、およそ美しさというものからは掛け離れているし。

お兄さんは少しも邪心のない陽気な人で少し英語が分かり、元気のいい大声で嬉しそうに笑いながらなんやかやと話し掛けてきた。こんな所にはツーリストは滅多に来ないのだろう。彼は珍しい外人を乗せていることがとても嬉しくてたまらないといった様子だった。

向こうからジープが来てすれ違うとき、彼はスピードを落として、「よう！」と相手の運ちゃんに挨拶をする。相手の運ちゃんは挨拶を返した後、隣に座っている私に気付いて、あー、外人だー、と嬉しそうに笑い、大声で「ハロー！」と声を掛けるのだった。そして私の隣の運ちゃんは、その度に得意そうに、あっはっはあ、と笑った。

もう時間的に遅いせいか、山から降りて来る方のジープはどれも満員で人が鈴なりに乗っている。すれ違うときには全員が私を見て、うわー！　とどよめき、皆で手を振り、「ハロー！」と声をかける。そしてその度にお兄さんは嬉しそうに、あっはっはっはっはあ、と笑うのだった。

乗り物に乗っている見知らぬ人に手を振るというのは、多分、世界共通の人間の習性だろう。どうしてだかわからないけど、手を振ると嬉しいのだ。

このお兄さんは外人を乗せているのが自慢で、他のジープ仲間に私を見せびらかしたいのだろう。他のジープとすれ違う度に運ちゃんは必ずスピードを落とし、相手の運ちゃんを見て、どうだ、珍しいだろう、隣に外人が乗ってるんだぞ、あっはっはあ、と自慢そうに大声で笑い、私もすれ違う度にジープに乗っている全員から、よく来たな！　と手を振って歓迎の笑顔を向けられるのが楽しくて、まるでスターにでもなった気分で手を振り返していた。

向こうからジープが近付いてくる度に私とお兄さんは顔を見合わせ、「あっはっはあ、又来たな！」「うん、来たね、来たね！」と頷《うなず》き合い、お兄さんはスピードを落として得意気に相手の顔が驚きから喜びに変わっていくのを楽しみ、私もとびっきりの笑顔を作って、ハロー！　ハロー！　と手を振った。ああ、最高！

こんなに楽しい気持ちでどこかへ行くのは初めてだったし、こんなに歓迎されたことも今までにない。ここの景色は美しかったが、インド人達の笑顔はそれにも増して美しい。

他の車とすれ違う度この調子だったから、私はすっかりハイになってしまった。

終点に近付くと道のそこここに山を降りるジープを待っている人達がたむろしていた。そこでもやはりこの調子で、お兄さんはゆるゆるとスピードを落として近付いて行ったから、私は全員に最高の笑顔を向けて、ハローハローと言いながらスターのように到着したのだった。どの人からも最高の笑顔が返ってきた。

「ハロー！」「ハロー！」「ハロー！」「ハロー！」「ハロー！」

其処《そこ》ら辺でたむろしていた人達全員の熱烈な歓迎を受けて、私は、この聖地そのものが私を歓迎してくれているように感じたのだ。

彼等は全身でこう言ってくれた。

ようこそ、インドへ！

実はその日、私はかなり疲れていた。

数日前、聖地の一つに着いたときはまだ昼前で、その日はぴかぴかの晴天だった。ずっと山の中を移動ばかりしていて何日かシャワーを浴びてなかったので、その日は、これはチャンス、とばかりに宿を取ったらすぐにシャワーを浴び、髪も洗い、服も洗濯した。

山の水だから切れるように冷たい。冷たいというよりは痛かった。身体を洗い、泡だらけの髪の毛をすすぐのにシャワーを浴びっ放しでは頭の芯までキーンと痛くなってくるので、何秒か浴びては休憩し、また水を流して随分時間を掛け、身体の芯まで冷え切ってやっと終了した。

ところがシャワー室を出たら、これは悪夢かと目の前が真っ暗になった。天気が急変し、雨が降り出していたのだ。約三千五百メートルの高地なのだ。さっきまでの強すぎるほどの真夏のような陽射しから一変して、雨が降ると一気に真冬に突入したように気温が下がった。まだ髪は濡れているし余分な服も洗ってしまった。どうすることもできずに、私は布団にくるまってガタガタ震えているしかなかった。

次の日の朝、目指すお寺に行った。はるばる遠くからここを目指して来たのだ。やっぱりお参りは早朝だよね、と妙なこだわりを持ったのがいけなかった。

今は巡礼シーズンで、こんな聖地にはインド中から巡礼が集まってくる。夜明け前に行ったのに、もうお寺はお参りの順番を待つ人達ですごい行列ができていた。

行列のしっぽはお寺の敷地内からはみ出していたのに、待っている間も靴は脱がなければならない。裸足になると石畳の道は氷のように冷たく、三時間程もじっと待っている間、足の裏から寒さがじわじわと這い上がってきて身体はすっかり冷え切ってしまった。

インド人達は五才の子供なので、待っている間も周りの人とワイワイ話をして騒いで楽しそうだ。

行列の中の誰かが「ナントカカントカ！」と叫ぶと、それに応えて全員で「イエーイ！」と叫んで盛り上がっている。多分、聖地万歳！　とか言っているんだろう。たまに気の弱そうな人の前に割り込んだりする不届き者もいて、そういうときは周りの人全員がブーイングをはじめる。こんなふうに何かしらして遊んでいるから、彼等は足の冷たさなんかちっとも気にならないようだ。

そもそもインド人は寒くないのだ。インドは暑いから寒さには弱いだろうと思っていたのだが、それがとんでもない間違いで、彼等の身体の強さは驚くべきものがある。こちらがセーターを着て、上着を着て、靴下二枚はいて、それでもガタガタ震えているときに、インド人は普段の夏物の上に薄いショール一枚を羽織っただけで平気な顔をしている。

馴染みの宿のおっちゃんのアショクは健康オタクだったから、その秘訣《ひけつ》を訊いてみたら、自然に添う生活をすること、つまり日が昇れば起きて暗くなれば寝る。その土地にその時期にできる野菜を食べ、冬は寒いように夏は暑いように過ごすこと、と、しごく真っ当な答えが返ってきた。ごもっとも。

全部、殆どの日本人がしていることと正反対のことばかり、これでは私達の身体がひ弱なのは当然かもしれない。実際インド人は冬の寒いときにも、寒い寒いと言いながらも水のシャワーを浴びているのだ。

だけど冬は暖かくしたいし夏は涼しくしたい。珍しいものも贅沢なものも一年中食べたいし、夜はゆっくりビデオでも見たい。私達は自分から自然の生活から遠のいていったのだ。

周りのインド人は相変わらずわいわいはしゃいでいる。しかし悲しいかな、一人言葉の通じない私は気を紛らわすものもなく、早く進んでくれ、と心の中で念じつつ一人じっと足の冷たさを耐えているしかなかった。もう足は氷のようだ。そして、ついにこのとき風邪を引いてしまったのだった。

唯《ただ》でさえ体調が悪かったのに昨日は泥棒事件のおかげで一睡もできず、朝の五時には又長距離バスに飛び乗って何度も乗り次ぎ、半日ガタガタ揺られっ放し。そういうわけで私はかなり疲れていた。

しかしこの時私を拾ってくれた楽しいジープのお兄さんの楽しい演出のおかげで、私はすっかり元気満々、甦ったのだ。

人の笑顔というのは、なんと人を元気にさせるものなんだろう。

しかもインド人の笑顔というのは全く天下一品で、それは本当に嬉しそうに笑う。嬉しい！それだけしか心にないように、彼等は全身で喜ぶのだ。それはまるでパーッと大輪の花が咲いたようで、あたりは曇り空にサーッと一筋の陽が射した時のように輝く。

笑顔は光である、そして力なのだ。

インドという国はいつも優しい。元気がない時には、ちゃんと元気を出させてくれる人が現れる。

ジープのお兄さんは終点に着いたらお茶を一杯おごってくれて、私の目指している聖地への行き方を教えてくれた。

さあ、行くぞ。ここから二日間のトレッキングだ。


他もそうだったが、山奥というのに聖地への道はどこも混雑していた。

私は山奥の聖地巡りと言えば、シーンと澄み切った空気の中、誰もいない細い山道を一人黙々と歩き、たまにすれ違うサドゥとかに先の状況なんかを尋ねながら瞑想するように進んで行くものだ、と想像していたのだが、これはとんでもない間違いだった。

日本でも今、お四国巡りが流行っているらしいが、インドでも同じ動きがあるようで、最近急に巡礼が増えたということだ。

何かを得るということは何かを失うということである。

日本では物が豊かになった分、内側の豊かさを失ってしまった。多分、それを取り戻そうとしてお遍路さんが増えたのだと思うが、もしかしたらインドでも同じなのだろうか。それとも長年の夢を叶《かな》えるだけの経済的余裕のできた人が増えたのだろうか。

一九九一年の経済の自由化の後、それまで一握りの大金持ちと庶民で構成されていたインドに、三億人の中産階級が誕生したと聞く。インドもお金持ちが増えたのだ。

巡礼道は真っ直ぐ歩くことさえできないほど混雑していた。人が歩くだけならどうということはないのだが、インド人はどういうわけか歩いている人は少なくて、半分以上の人は何かに乗っていた。

四国の金比羅さんには足が悪い人や体力のない人のために駕籠《かご》屋さんがいるが、インドの聖地ではバリバリ体力のありそうな人でも何かに乗っていたりして、どうも分からない。せっかくここまで来たのなら自分の足で歩いた方がずっと楽しいと思うのだが、彼等は楽に行ければそっちの方がいいようだ。料金も安いのだろう。

一番多いのは馬だった。

これはまだ許せるが、迷惑なのは輿《こし》だ。日本の祭りのときのワイワイ言って大勢で担ぐ山車《だし》のようなもので、丸太を二本渡した上に椅子が乗っていて、それを四人の男で担ぐのだ。上に乗っている人は殿様気分で楽ちんだろうが、幅を取るので、こんなものがしょっちゅう細い山道を通ったら歩いているこちらは迷惑この上ない。

上からは馬が何頭も連なって来て、下からは輿がやって来て、こんなものに挟まれた日には大きな荷物を背負った私なんか避ける所もなく、逃げ場を捜してあたふたする。ガードレールなんかが整備してあるわけでもないから、道の外側を歩いていたときには馬や輿にこづかれて崖から滑り落ちそうになる。とても静かな山道を鼻歌でも歌いながら……という状況ではない。

しかも日本の道を歩いていて車がクラクションを鳴らすのと同じように、彼等は前に邪魔物がいると、除《よ》けろ、除けろ！　と我もの顔で大声で怒鳴り散らすのだ。どうして自分達に優先権があると思っているのだろう。その上、馬も輿もやたらと多かったから、道を歩いている間中こっちはずーっと怒鳴られっ放し。こんな山奥で交通渋滞の道の真ん中を歩いているような緊張で、とても楽しめたものではなかった。

乗り物としては馬も分かるし、輿もまぁ、お金持ち用、と考えれば分かる。しかしびっくりするのは籠《かご》だ。

金比羅さんの駕籠を想像してはいけない。籠と言っても、例えば畑に芋の収穫に行くときに持っていくような竹か何かで編んだただの大きな籠で、それを背中に背負うのだ。籠は肩で担ぐのではなく、紐を頭に引っ掛けて運ぶ。

籠には足を出す為の切れ込みがあって、籠に乗る人は後ろ向きに座る。最近は赤ちゃんをおんぶする時、お父さんがおんぶ用の椅子のようなものを背負って、赤ちゃんは背中合わせに背負われているが、あれの原始的なものと思えばよい。

しかし、ここで背負われているのは赤ちゃんではなく大人なのだ。男性だったら七十キロ位はあると思うのだが、それだけの重さの人を乗せて山道を登るのだ。

一人の大人が一人の大人を背負っているのだ。背負われている人はどうして籠を選んだのか分からないが、背負っている人は大変である。

ネパールでトレッキングに行ったときも、こんな大きな籠に山積みになった、百キロとも言われる荷物を運んでいる人達を沢山見たが、何て辛い仕事をしているんだろう。

このインドの聖地でも籠を背負っているのは出稼ぎに来たネパール人のようだ。ネパールの人は我慢強くて、黙って辛い仕事をしているんだなぁ。


歩いている途中雨が降ってきたので、お茶屋で休んで通りすぎる人を見ていたら、一人のサドゥが目を引いた。

聖地だからサドゥは多い。しかしボロを纏《まと》っているサドゥの中でも、彼は見事にボロボロだった。幾ら究極の貧乏旅行者のサドゥでも、普通は衣くらいはまともなものを着ている。

彼はその辺から拾って繋ぎ合わせたようなぼろ布を身に纏い、今にも破れそうな汚い袋を持っていた。しかし彼は、真っ直ぐに顔を上げて歩いていた。

雨が上がって私も出発し、しばらく行くとそのサドゥが道の途中で休んでいた。あ、さっきのサドゥだ、と思ってじろじろ見ると彼もじろじろ見て、「ハリーオーム（今日は）」と低い声で言った。彼は真っ黒な目をしていた。

しばらく先で又すれ違い、今度は、お、又会ったな、という感じでにこっと笑い、大きな声で、「ハリーオーム」と挨拶を交わした。

数日後、聖地からの帰り道、私が途中で休憩してお茶を飲んでいる時、彼も又山から下りてきた。そして私を見つけると彼は、おーっ、と、まるで百年の友達に出会ったかのように目を見開いて喜び、「ハリーオーム！　ハリーオーム！」と叫んで通り過ぎて行ったのだった。

言葉は通じないが、彼の目は言葉以上のものを語っていた。

この人は、まるで吸い込まれそうな目をしていた。

インド人は何か特別な用事のときでもない限り、基本的に旅行や巡礼などは団体で行動するようだ。一人旅のインド人というのは見たことがない。サドゥくらいのものだろう。だからここにも家族連れや友達同士で遠足気分で来ていて、ピーチクパーチクそれは賑《にぎ》やかだ。

しかしこれだけ沢山の人の中、歩いている人でも荷物を背負っている人は見事に一人も見なかった。馬や籠に運ばせるのだ。女性はヒラヒラのサリーを着たままだし、楽しそうにはしゃぎながら歩く手ぶらのインド人の中、一人リュックを背負って登山靴を履いた私はひどく場違いな気がしたものだ。

しかし女性がサリーを着ている理由はすぐに分かった。これだけ巡礼で混雑している場所にも拘らず、インドだからトイレがないのだ。

ちょっと疲れたな、休憩したいな、と思った時には水場があるし、お茶屋もある。お茶屋では食事もできるし、大きな店には貸し布団も用意してあるから寝ることもできる。しかしトイレはないのだ。

だから用を足すときは人目に付きにくい岩陰を捜したり、裏に空き地のありそうなお茶屋を選んで頼むしかないのだが、いつ誰が来ないとも限らない。だからサリーなのだ。私みたいにズボンを履いていると、しゃがんでいる間お尻が丸出しになってしまう。うーむ、そういう実用性もあったのか。

インド人を眺めていると、荷物は何かに運ばせているのだろうが全く手ぶらで、しかも裸足の人も多い。彼等にとってはお寺だけが聖地なのではなく、このお山自体が聖地なのだろう。だから熱心な人は自分にも苦行を課すのだろうか、靴さえ履かない人も多い。

この時期はもうそろそろ雨季の始まりだったから、一日に何回か雨が降った。

お茶屋に逃げ込んで雨が上がるのを待ちながら道行く人を見ていると、インド人は合羽さえ持っていない人が多いのだ。初めは気の毒に思って、ビニールの簡易合羽が安く売っていたから、沢山買って配ろうかと思ったりもしたが、どうも彼等は合羽を買うお金がないわけではないようなのだ。結構強く降ってきても平気で濡れて歩いている。

これも巡礼の作法なのだろうか。しかし平地ならいざ知らず、聖地はどこも高い処にある。どうしてこういう所で身体を濡らして平気なんだろう。

インド人というのは全員サドゥか？　どうしてそんなに逞しいのだ。どうしてそんなことができるのだ。

インド人にとって聖地巡礼というのは、多分一生の夢なのだろう。毎日コツコツと貯金して何年もかけてお金をため、長年の夢が叶って一家でやって来るのだ。

聖地はそれだけで素晴らしいが、聖地にやって来る人々のエネルギーもまた素晴らしいのである。

彼等はその喜びに顔を輝かせながら、ジャイマタジー！　ジャイマタジー！　と神様を讃える言葉を叫びながら歩いていた。あるいは十人以上の団体で来て大声で讃歌を歌い、楽器を鳴らしながら踊るように歩いている一行もある。

巡礼の間は、ジャイマタジー、と言えばこれが挨拶だった。

ジャイマタジー、と言えば必ず笑顔が返ってきた。

ジャイマタジー、と言えば、その瞬間から心が繋《つな》がったのだ。

ジャイマタジー！　聖地へ来たんだ！

ジャイマタジー！　万歳！　ついに夢が叶ったんだ！

そこには、肌の色の違いも国籍の違いも何もない。

ジャイマタジー！　聖地だ！　ついに聖地へやって来たんだ！

ジャイマタジー！　あんたもやって来たんだね！　嬉しいね！　おめでとう！

ジャイマタジー！

ジャイマタジー！

ジャイマタジー！

万歳！　万歳！　万歳！　聖地だ！

ジャイマタジーという言葉一言を交わせば、こういうお互いの喜びが流れ込んでくるのだった。

巡礼道は喜びの、興奮の渦の中にあった。

ジャイマタジー、この言葉を交わせば、返ってくるのは笑顔。

笑顔！　笑顔！　笑顔！

だから聖地への道は笑顔の、光の道だった。

聖地巡りの間、英語はほとんど通じず、だから私はずっと日本語で通していた。何かの用を足すときには不便この上なかったけど、
ジャイマタジー！

この一言を交わせば気持ちは通じ合えたのだ。感動的な日々だった。

聖地はどこも高い処にあるので冬の間は閉ざされる。雨季を除く夏の間だけ、まるで夢のように町が出現するのだ。

私はヒンドゥーではないが、多分、山道を登ってその夢の町が見えた時の喜びはヒンドゥーの

人達と同じものだったと思う。

後から考えると、あの聖地はずっと私を呼び続けていたのだ。私は本当はずっとそこに憧れ続け、ずっといつか行ける日を待っていたのだ。

そうだ！　私はここへ来たかったんだ！

そうだ！　本当はずっとずっとここへ来たかったんだ！

ジャイマタジー！　ジャイマタジー！　ジャイマタジー！

万歳！

聖地だ！　ついに聖地にやってきた！

そして聖地はこう言って私を迎え入れてくれた。

ようこそ、インドへ！

バスはオンボロ世は情け

ある聖地から次の聖地に行くのに朝早くバスに乗った。しかし、まずバスを捜すのが大変なのだ。

バスターミナルの広場にはぐちゃぐちゃにバスが止まっているだけで、どれが私の乗るバスなのかさっぱりわけが分からない。広場が広いときは、自分のバスを捜して端から端まで歩き回ってうろうろすることになる。行き先は書いてあるが、ヒンディー語が読めないので誰かに訊いて、あっちだよ、と指さされた辺りに行って又うろうろする。尤《もっと》も出発時間が近くなれば、バスの切符売りの人が大声で呼び込みをしている時もあるので、すぐに見つけられることもある。

始発のバスターミナルから乗るときは、止まっているバスを人に訊いて捜せばいいのだが、途中の道で乗り替えたりするときは走っているバスを捕まえなければならない。ヒンディー語の分からない私にできることは、ただ、

「バルコート！　バルコート！」

とか、目的地の名前を叫びまくることだけである。しかし周りに人がいればそのバスがきたら教えてくれるし、この目的地の名前一本勝負だけで、結構旅はできるものだ。

それでもこんな山の中ならまだいいが、大きな町でバスに乗ろうと思ったらかなり苦労する。道にはバス停の標識などないから、人が沢山待っている場所があったらそこがバス停だろうと分

かるだけだ。しかし、きっちりした場所が決まっているわけではないので、大体この辺りやろって感じで広い範囲にばらばらに人が待っていて、バスも大体この辺やろって適当にその辺りに止まる。それでバスが来たら、人をかき分けて止まった所までドドッと走っていかなければならない。しかも運転手は安全運転なんて全然考えていないらしく、まだ乗り降りしている人がいてもガンガン振り切って発車したりする。そうかと思えば、始発の場所から乗ったときには乗客が集まらないと出発しないので、長い間ぼーっと待たされることもある。

バスの中で出発するのを待っていると、その間にいろいろな物売りが乗り込んで来ることもあって、それが結構楽しい。中にはバスガイドみたいに乗客の方を向いて立ち、自分の持っている商品を高く掲げて、何やかんやと口上を述べてから乗客一人一人に当っていく人もいる。昔お祭りのときにいたガマの油売りみたいだ。何て言ってるのかなぁ。

「さぁさぁお立ち会い。今度発売されたこのボールペンはそんじょ其処《そこ》らの物とはちょっと違うよ。ここを押すと黒のインクが出る。こっちを押すと青だ。驚くなかれ、さらにこっちには赤まで入っている。さぁ、どうだ。しかもこの最新のデザインが洒落てるだろう。これがたったの十ルピー！　お土産に最適だよ。買わないと損だよ。さぁ、たったの十ルピーだよ！」

とか言ってるのかな。知りたいなぁ。

ところでインドのバスというのは、一体どーしてなんだ、と乗る度に文句を言いたくなるようなボロ揃いで、なにが嫌と言って、とにかく座席が狭いのだ。

普通、通路を挟んで二人と三人掛けになっていて、バスの幅自体は日本のものとそう変わらないはずなのに、日本だったら横一列に四人しか座らないところをインドでは五人座る。だから一人分の座席の幅が一人分の人間の肩幅無いのだ。

それで全員がぴったり背もたれに背中を付けてくつろぐ、なんていうことはできない。肩をすぼめて前かがみに座ってみたり色々工夫しなければならず、長距離乗ると、すっかり肩が凝《こ》ってしまって大変辛い。それに隣の男性と太股がぴったりくっついたままなのも苦痛だ。男性というのは、どうして狭い座席でも股を広げて座るんだろう。

通路側に座って隣に来たのが大きな男性だったりしたら、椅子からお尻が半分はみ出し片足で踏ん張っていないといけないし、バスはガタガタ揺れるので、カーブの時にはずり落ちそうになって苦労する。

窓は大抵きちんと開け閉めできず、開きっ放しだったり閉りっ放しだったりするし、雨が降れば雨漏りがしたりする。もちろんエアコンがあるわけでもないし、シートがリクライニングになるわけでもない。

もしかしてお金を出せば良いバスもあるのかなぁ、と思いつつ調べるのもめんどくさい。

その時私が乗ったバスも、走っている間に分解してバラバラになってしまいそうな極め付けのボロバスで、中の乗務員、運転手と二人のお世話係の三人は揃って粗末な服装をしていた。ボロのバスにボロの服。インドのバスというのは、日本の個人タクシーのように個人営業なのだろうか。

バスは発車予定のはずの時刻になっても全然出発する気配はない。一人でも乗客を増やそうと、お世話係のラメーシュは大声で呼び込みを続けていたが、客はあんまり集まらない。
他にも同じ行き先のバスは何台かあったが、そっちの方は満席だと断られたので、やはりこのバスは飛び抜けてボロなので敬遠されているのだろうか。しかし高地で雨が降っていてこっちは寒いのだ。早く出てくれないかなぁ。

やっと動き出したと思ったら、私は窓際に座っていたのだが、窓がきっちり閉らず雨が降り込んできた。しまった。山道をガタガタ揺れて走るたびに、振動でじわじわ閉めたはずの窓が開いてくるのだ。私は数分に一度手を伸ばして重い窓を押して、よっこらしょ、と閉め直さなければならなかった。ついでにどこからか雨漏りがしてきて、だんだん私のシートのほうに水が迫ってくる。

山道を走るといえば綺麗な景色が見えると思って、いつも窓際を取っていつも失敗する。どうして乗る度に忘れてしまうんだろう。

長距離バスに乗ると途中何度か休憩や食事に止まるものだが、インドでは、ここで十分休憩、などと説明したりしない。いきなり止まって皆バタバタと降りていくので、あ、降りるんだな、と大急ぎでくっついて降りる。

休み時間は貴重なのだ。このチャンスに身体を伸ばしておかなければ。座席が狭くてずっと身体を縮こまらせているので、肩はガチガチに固まってしまう。

バスを降りたら言葉が通じないので、他の乗客の行動を追って誰か目星を付けた人の後にくっついていくしかない。彼等が食堂にはいれば、あ、昼食だな、と分かるだけだ。

その時の休憩の長さは運転手の独断なので、彼のその時の体調とやる気次第である。

私は同じ場所を何度もバスで往復したことがあるが、そのときの運転手によって六時間で着いたり、その倍の十二時間もかかって着いたりと色々だ。それは要するに休憩時間の長さの差なのだが、出発時間が当てにならないように、到着時間なんか、それこそ着いてみるまで分からない。神のみぞ知る、なのだ。

だから運転手の言うことなんかは当てにならないし、休憩の時に時計を指して、何時に出発？と訊いてみても無駄である。ここで一時間、とか、たまに宣言する人もいるが、運転手がさっさと御飯を食べてしまって、やっぱりもう行こうかな、と思えば、いきなり予定を変えて出発してしまったりするのだ。

出発するときに全員乗り込んだかどうか確認したりもしないから、私はバスを降りる度にいつも置いてけぼりを食わないかと冷や冷やしてしまう。尤《もっと》も外人は目立つので、私が乗り遅れれば誰かがすぐ気付いてくれるだろうが。

私は食べるのが遅いので、この時ばかりは、御飯は良く噛んで食べましょう、というポリシーなどそっちのけで、とにかく御飯にお汁をドバッと掛けて流し込むように焦って食べ、味も何もしないのだった。食後には何か甘いものが欲しいので、早く食べたときはミルクティを頼むのだが、私は猫舌なのでこれまた焦って飲んで舌を火傷してしまう。

ふと気が付くと知っている顔が見当らない。自分の乗ってきたバスはどこかに移動したのか、バスさえ見つからず焦ってしまうこともある。

食堂に止まったときでもトイレがないことが多く、ついでにトイレという言葉も通じず、初めはひどく苦労した。草むらがあれば問題ないが、町の中で止まって食堂にもトイレがないときは、その辺を捜し回ってうろうろする（しばらくしてバスルームと言えば通じるということが分かった。多分、トイレというものはインドにはもともと無かったので、イギリス人が持ってきた単語をそのまま使っているのだろう）。

要するに全く訳が分からず、休憩で止まる度トイレを捜してウロウロし、他の客とはぐれないようヒヤヒヤし、取り残されないようオロオロするのであった。ああ、バスに乗る度に白髪が十本づつ位増えそうな気がする。

しかしこのバスのお世話係のラメーシュは親切な人だった。彼はバスが止まる度、「今から昼食だよ。トイレはあっちね。ここの食堂がおいしいよ」と訳の分かって無さそうな外人の私を気遣っていちいち親切に教えてくれ、私が遅れていると呼びに来てくれた。

彼は一言も英語が話せず、私もその時はまだヒンディー語が分からなかったのだが、不思議なことにラメーシュの言うことは殆ど全て分かった。

表情と身振り手振りは人類の共通語である。伝えてあげたい、教えてあげたい、という気持ちがあれば、言葉は通じるものなんだなぁ。

長距離バスだと大抵みんな大きな荷物を持っているから、荷物は普通屋根の上に積む。

ある長距離のツーリストバスに乗った時、その日は土砂ぶりの雨だった。

「屋根の上は濡れるから、今日は荷物は中にいれろ」

とお世話係の人が言うので、親切だな、と思っていると今度は、

「荷物が一人分の席を取っているから荷物の分も料金を払え」

と言うのだ。

「じゃあ、私は荷物は膝の上に抱えておくよ」

「そんなことしたって駄目だ。チケット見せてみろ。ほら、料金一人分と書いてあるだろう。荷物の分は書いてないぞ、荷物料払え」

「そんな馬鹿な。これはシート一つ分の値段のはずだけど」

「駄目だと言ったら駄目だ。本来荷物を中に持ち込むことは許されてないのだ。さあ、払え」

「長距離バスだったら荷物があるのは当り前じゃない。どこの世界に荷物代を別に取るバスがある」

　こんな無茶苦茶な理屈が通るわけはない。しかしここは無茶苦茶な国、インドである。だから通ってしまうんだ、これが。

　彼は自分の言っていることが筋の通らない理不尽なことだと、ちゃんと分かっているのだ。しかし筋なんか問題じゃない。どんな屁理屈こねようが訳の分からないいちゃもん付けようが、要は金が取れるか取れないかだけなのだ。

　晴れている時は屋根の上に荷物を上げて、屋根代よこせと言っているのだろう。彼はこんなでたらめなことを言って一人一人の乗客を回り、一人一人と喧嘩しながらお金を徴収していった。

　どれだけ脅されてもすかされてもガンとして払わない人も中にはいたが、大抵の客はうっとう

しいので、多少値切って払う。実に不愉快だが、この人は毎日こんなことやってお金稼いでいるのかなぁ、と思うとそのパワーに感心し、こういう理屈の通らないことをして稼ごうと思い付いて、それを大真面目に実行しているというところが、なんだか笑えるのだ。彼も必死なんだろうなぁ。

ところがこの荷物代取りのお兄さんは、バスが走り出してしばらくしてふと気が付くといつの間にか消えていたのだ。あれ、このバスの人じゃなかったのかな。多分彼は又、次のバスに乗り込んで同じやりとりをやってるんだろう。もしかして彼は一日中、一年中、バスの中で客とスッタモンダやってるんだろうか。全く元気な奴だ。よくやるよ。運転手はこのお兄さんの味方をしていたから、彼はいくらかショバ代を払って商売しているに違いない。

しかしこれはツーリストのよく通過する場所での、ツーリストバスでの話である。ツーリストの多いところツーリスト擦れした人が多いのはどこの国でも同じことだ。だからこういうことは滅多にないが、全く無いとは言えず安心できない。インドではこんなふうに誰か訳の分からん人が、訳の分からんお金を取りにきたりすることがよくあるのだ。

ある時バスを降りるときに、やはり荷物分の金を払えと言われた。「いやーよ」と言ったところ、相手は「あ、そ」とあっさり引き下がって気が抜けたのだが、くれたら儲けもんくらいの感覚なのだろう。どうもその、あわよくば、という気持ちが安心できないのだ。

しかしラメーシュのお陰で、このバスに乗っている間、私はすっかり安心していられた。安心していれば美しい景色を楽しむ余裕も生まれるというものだ。

インドの運転手は気分次第で休憩を取ったりするように、客の都合など全然考えないから、運転も又全く気分次第である。

　聖地巡りをしている間ずっと山の中を走っていたが、気の荒い運ちゃんだとデコボコのくねくねカーブの細い山道でもガンガン飛ばす。インド人には仕事に対する責任感というものが欠けているようで、運転手だって、

「自分がお客様の命を預かっているのだ。安全第一」

などと殊勝《しゅしょう》なことは考えないらしい。客が乗っていようがいまいが、そんなことは知ったこっちゃ無い。彼は運転したいから運転しているだけであり、飛ばしたかったら飛ばすだけのようだ。さすがに山道で追い越しなんて無謀なことをする人はいないが、急なカーブで危うく対向車とぶつかりそうになり、ほんの十センチくらいのぎりぎりの隙間ですれ違ったことは何度もある。ガードレールがあるわけじゃなし、危ないったらない。

　インド人には、生き死には人間にはコントロールできないものだ、と思っている節があるのだ。びくびくして運転しても、自分がやりたいようにやっても、所詮《しょせん》事故が起こるときは起こるし、死ぬ時は死ぬのだ。だから必要以上に用心して運転するよりは、自分が楽しく集中して運転できれば、それで良いのだろう。

　インド人はカルマ（業《ごう》）という言葉をよく口にするが、此の世には自分の力ではどうにもできない宿命というものがあって、だから神様の思し召しなら、幾ら気を付けていても死ぬときは死ぬのだ。

もしかして、インド人って死んでしまってもノープロブレム？

そして、そういう時の運転手の顔を見ると目は血走って一点を見詰めてランランと輝き、もう完全にいっちゃってるのである。

うっしゃー！　運ちゃんってこんなことして遊んでたのか。楽しいだろうなぁ。これだけ大きな車を自分の思いのままに飛ばしまくって遊んで、それでお金貰えるんだったらいいよねぇ。

殆どの人は恐がるが、私には何故か昔から自分は決して事故では死なない、という妙な確信があるので、ちっとも恐くない。こういう時は大喜びで窓際に移って、道の下の崖っ淵を眺めて遊ぶのだ。このスリルにはジェットコースターもバンジージャンプもかなうわけは無い。なんたって落ちたら死ぬんだもんね。うひゃひゃ、もう最高。インドでは山の中でバスに乗ってもこんなに刺激的で楽しい。

バスの中は運ちゃんの王国なので、運ちゃんの気が向けばいきなり音楽をかける。自分の眠気ざましなのか、乗客がみんな眠っている真夜中であってもお構いなしだ。しかも唯《ただ》でさえけたたましいインド音楽の、あの女性の高いキンキン声を大音響でかける。音が大きくても良い音ならまだ許せるが、スピーカーがボロなので割れたようなひどい音で、それをこれでもかというくらいのボリュームでかけるからたまらない。それでも日本で長距離バスに乗ったときのように、つまらないビデオをかけられるよりは、まぁ、ましかな。

いきなりの大音響で心地好い眠りから覚まされた乗客達は、「夜中に非常識な！」と怒り出すかと思いきや、何と一緒に歌い出したりするから笑ってしまうのだ。ノープロブレム、さすがインド人である。

こういう時、運ちゃんの顔を見るとすっかりご機嫌で、一緒に口ずさんだりなんかして、やっぱり自分が乗客の命を預かっているのだという自覚は皆無のようだ。いや、もしかしたら彼等なりの自覚があるから、ここで眠ってはいけないと気分転換を試みているのだろうか。

ラメーシュのバスはボロボロで、しょっちゅう調子が悪くなって止まってしまい、その度に乗務員は道具箱を引っ張り出してバスの下にもぐり込み、一生懸命修理していた。乗客の文句も何のその。ラメーシュは、あはは又止まっちゃったよ、とにこにこしながら真っ黒になってバスの下にもぐり込むのだった。

ボロそうなバスだな、と思ったら本当にボロだった。まぁ途中で分解しないだけましか。ラメーシュもちっとも驚く様子がないところを見ると、多分毎日この調子なんだろうな。

お陰で、夕方には目的地に着くはずだったのに一向に着きそうにない。夜も遅くなって又バスが止まったので、又故障かな、と思っていると乗務員と乗客が何やら言い合って騒ぎ始めた。暫く全員でやんややんや言い合っていたが、話が付いたのか、次には乗客は何だかんだ騒ぎながら、全員荷物を抱えてさっさとバスを降りて行ったのだ。一人取り残される私。一体何が起きたのだ？

こういう時のインド人は実にドライで、あれよあれよという間に蜘蛛《くも》の子を散らすようにサササといなくなってしまう。こっちは何が起きたのか訳が分からず、一人あたふたするしかない。

しかしこのバスには私の強い見方、親切なラメーシュが乗っていた。

「バスが何度も故障して時間を食ったお陰で、今日は目的地まで着けそうにないから、急遽《きゅうきょ》ここで一泊することになったんだ。明日の朝五時に出発だよ」

そういうことだったのか。インドは話し合いの国である。こういう時は、バスの乗務員が一番適切と思われる対策を立てて客にお知らせし、客は大抵ブツクサ言いながらもそれに従う、というのが日本でのやり方だが、インドでは全員で話し合うのだ。話し合えば皆の意見が分かるし、皆で決定して納得したことなら文句を言う人も誰もいない。良い知恵が浮かぶ時もあるかもしれない。平和的な解決の方法である。

「皆は宿に泊まりに行ったけど、君はどうする？　僕が安いとこを捜してあげるよ」

とウルウルするような親切さで何軒か当ってくれたけど、大部屋ばかりしかなく、どこも高いのだ。ただ一晩寝るだけにそんなに出すのやだなー、と思っているとラメーシュはこちらの心を読んだように、

「バスの中で寝てもいいよ。ここならタダだよ」

と言ってくれた。え、ほんと？　やった。一泊分浮かせるぞ、と大喜びでそうすることにした。

「あっちに貸し布団屋さんがあるよ。一日十ルピーだよ」

ここは聖地巡りのルート上の主要な町の一つなのか、そういうお店もあるようだ。お金があれば布団くらい付いた宿があるが、中にはベッドも何もない、ただのがらんどうの部屋もあり、インド人は寝袋なんて持っていないから、これは有難いに違いない。

実は私は寝袋を持っていたのだが、貸し布団というのを使ってみたかったので借りてもらうこ

とにした。

「御飯食べに行こう。あっちに僕の知り合いの店があるんだ」

食堂でも、手を洗うのはここだよ。玉ネギいる？　油はいる？　と実にこまめに気を使ってくれ、いたれり尽くせりで世話してくれて、私はすっかり騎士に守られているお姫様のような気分になったものだ。

男性は知らないだろうが、女性は実はインドではお姫様のような旅をしている。困っているといつもサササッと誰かが助けてくれて、それはもう優しくしてもらえる。席は代わってもらえるし、荷物を持ってもらえることもある。道を訊けばリキシャで送ってくれたりするし、それは本当にもう、寄ってたかって親切にしてくれて感激するのだ。

インドの男性はまだまだ女性に対して夢を持っていて、女性というものはか弱きもの、守ってあげるもの、と思っているんだろうな。

日本では男性から親切にしてもらえることなんかはまず無いし、私はほとんど有頂天。こんなに誰からも大切にしてもらえるなんて、インドに来たときだけは女に生まれて良かったー、とほんとに思う。レディファーストの国、ヨーロッパの男性も女性には親切だが、インドの比ではない。

こんなこともあった。

デリー行きの長距離バスに乗った時、私の隣に座っていたおばさんが、デリーに着いた、降りろ、と言ったので、あ、もう着いたのか、と思ってバスを降りた。

バスに長時間乗る時は履いている登山靴の紐はいつもゆるめていたので、バスを降りると、私はすぐにしゃがんで靴の紐を結び直した。そして、さて荷物を下ろそう、と顔を上げた時、私は目の前の光景に自分の目を疑った。そこに止まっているはずのバスが忽然《こつぜん》と消えていたのだ。

嘘！　一体どういうことなのだ。バスがいない！

そんな馬鹿な。一体何が起こったのだ。荷物！　私の荷物は！　私の荷物を乗せたままバスが消えてしまった！　もう私はすっかりパニックである。

デリーはデリーでも、ここはまだ終点ではなかったのだ。そうだ、良く考えてみたら分かるはずだ。デリーみたいな大きな町では大きなバスターミナルに入るに決まってる。こんな道の真ん中が終点のはずはないじゃないか。

ここは終点まで行かずに降りる人の途中下車の場所だったのだ。そして人を降ろしたら、バスは音もなく又走り去って行ってしまった。

しかし一体どうしたらいいのだ。私の荷物はあのバスの屋根の上に積んだままなのだ。こんなわけの分からない道の途中で降りてしまって、バスの会社の名前もナンバーも何も知らないのだ。終点のターミナルの名前も知らない。

あそこで降りろと言った隣のおばさんが悪い。いや、勘違いした自分が悪いのだ……。

どうしたらいいか分からずにすっかり混乱して一人でわーわー騒いでいたら、有難いことに、ここはインドだ。すぐに人が集まって来てくれて、その中のオートリキシャのお兄さんが尋ねた。

「どうした。何があった？」

「私の荷物！　荷物を乗せたままバスが行ってしまった！」

「そうか。ノープロブレム。あんたどこから来た」

「日本」

「違う、どこからバスに乗ったんだ」

「リシケシ」

「よし！　それなら行き先は分かる。追いかけてやるから乗れ！」

そうか。どの方面から来たバスか分かれば、バスのナンバーや特徴が分からなくても終点のバスターミナルは分かるのだ。そこに行けば私のバスはちゃんといるはず。

地獄に仏とはこのことだ。私はお兄さんに全てお任せすることにした。

しばらく走ってそのバスターミナルに入った時、果たせるかな、私の荷物を積んだバスは、ちゃんとそこにいたのだ。助かった！　私の荷物もまだちゃんと屋根の上にある。兎《と》に角《かく》私は又動きださないうちに（動くわけはないのだが）大急ぎでバスの屋根によじ上り、無事に大事な荷物ちゃんを取り戻したのだった。あー、良かった。

ほっと一安心して、今のオートリキシャのお兄さんにお金を払おうと思って周りを見まわしたら、何と彼はもう風の如くどこかへ去ってしまっていた。こういう時もインド人というのは実にドライなのだ。くどくど別れの挨拶をしたりしない。

それにしても何と親切な人だろう。彼はお金目的ではなく、本当に助けてあげたかったんだ。せめて一言お礼が言いたかったけど、「なあに、困った時はお互い様さ」と笑うお兄さんの声が聞こえてきそうだった。ああ、本当に助かった。

これは別に私が女だから親切にしてくれたわけではないだろうが、インドではこんな風に助けられることはよくある。しまった！　万事休す！　と思った時でも、どんなに困った状況になったと思えるときでも、インドでは困ることは絶対にない。絶対にないのだ。

日本を旅していてトラブルが起こることはまず無い。電車は一分の狂いもなく走っているし、バスだって遅れてもたかが知れている。時刻表や案内図は完璧だし、車内ではきっちり案内のアナウンスがある。だから訳が分からずオタオタすることはないし、こんなふうに間違って降りてしまうこともまず無いだろう。まるで正確なベルトコンベアに運ばれて行くように、日本では、まず何も起こらないだろうという安心がある。

しかしインドでは、何が起こっても必ず誰かが助けてくれるという安心があるのだ。

そしてインドを旅していれば大抵ドラマチックに何かが起こるし、その度に誰かに助けられて、だからインドの旅は、感動、感激の連続なのだ。

必ず誰かが助けてくれる。必ず誰か助けてくれる人が現れるのだ。

決して誰も見捨てない、困ったときには必ず誰かが助けてくれる、ということ以上に心強いことがあるだろうか。自分は決して一人じゃないのだ。

だから旅をしていて、こんなに安心な国は他にはない。

人間というのは本来人間を助けたいと思っているものだと私は思う。そしてこの国には、そんな熱い人間同士の関わりがまだあるのだ。

今まで何度も困ったことがあった。言葉の通じない国にたった一人で放り出されているのだ。次々と困ったことは起きる。しかしその度に誰かが助けてくれた。救いの手を差し述べてくれる人は必ず現れるのだ。

人間というのは必ず助けてくれるものだと信じさせてくれる国。それがインドである。

だから私はこの国に来て困ったことは一度もない。

インド、それはノープロブレムの国なのだ。

そして今回はラメーシュが現れてくれた。

食堂でお腹一杯御飯を食べてすっかり満足して、私達はバスに戻った。今夜はここが私の宿だ。知らなかったけどバスの座席のシートは取り外しができるようになっていて、通路を挟んで向こうとこっちに外したシートを渡せば、すぐにベッドに早変わりした。こういう工夫がしてあったのか。布団もあるし、実に快適、快適。

「どうだ。宿に泊まってたら二百ルピー取られたのに、今夜の宿代はたった十ルピーだよ」

「うん、ほんと。百九十ルピー儲かった。ラッキー」

言葉は全然通じないのに、私はバスの中で寝るのが嬉しくて、まるで修学旅行に来たようにはしゃいでいた。あー楽しい。旅してるんだなぁ、私。

この人達は毎日こうして寝ているんだろうな。朝早くから一日中働いて、何度もバスの下にもぐって真っ黒に汚れたまま風呂にも入らず着替えもせず、それでも毎日こうして座席のシートを外してベッドを作って満足して、三人仲良く寝てるんだろうな。

次の日、無事目的地に着いてバスを降りる時、私は、三人で分けてね、と言ってラメーシュに五百ルピー上げた。これは心付けとして上げるには大きすぎる金額である。それはよく分かっている。だから少し迷ったけど、この時だけはいつものルピーで考える癖を止め、日本円で千四百円と考えることにした。

日本だったら千四百円なんて一回の食事、一冊の本でなくなってしまう金額だ。大したことはできない。だけどその同じ千四百円が、ここインドでは大きな価値を持つのだ。

ラメーシュ達はお金をためて、いつか新しいバスを買おうと思っているんじゃないだろうか。そうだとしたら私もほんの少し協力したい。日本に帰れば千四百円というのは、ほんの数時間働いただけで手に入れられるお金なのだ。

私はラメーシュの親切に、どうしてもお返しがしたかったのだ。

実は私は常々、こういうことをするツーリストがいるから駄目なのだ、と思っていた。現地の物価のこともよく分からず、自分の国のお金の感覚で、安易に高額のお金を払ったりあげたりする通りすがりの旅行者がツーリストプライスを引き上げる。そういう人がいると次の旅行者が迷惑するのだ。その上ただ心から親切にしていただけの人の心に、外人に親切にすれば金になる、という考えを吹き込むのだ。

でも上げたかったんだなぁ、ラメーシュには。ラメーシュがいてくれたお陰ですごく心強かったんだなぁ。神様、私の上げたあの五百ルピーが、どうかラメーシュの親切な心を奪っていませんように。

ラメーシュ達のバスはボロボロだったけど一生懸命仕事していたなぁ。又いつか会いたいなぁ、ラメーシュ。

森の中のヨーガアシュラム

ヨーガのアシュラムに滞在していたことがある。

というと、朝は早く起床して庭の掃除でもし、ヨーガの授業に出て粗食を食べ、大声で話したり笑ったりすることは許されず、酒、煙草も禁止、男女一緒にいてもいけないし、常に背筋を伸ばして余計なことは一切考えず、ただただ修行に専念する、というような、厳しい日本の禅道場のような所を想像されるかもしれないが、ここはそういうことは全然なかった。

しばらく居て分かったことだが、実はヨーガアシュラムと言っても、実質はヨーガを教えます、というのを売り物にしているただの安宿であった。

だから泊まっている人もヨーガの修行が目的で来ているわけではなく、殆どは不真面目で別に早起きもせず、昼間天気の良いときは庭でお茶でも飲みながら、ぽーっと日向ぼっこでもして誰かと喋って時間を潰し、ヨーガのクラスが始まっても道場にも行かず、適当に自分のやりたいことをして遊んでいた。

そういうお気楽な場所だから、怠け者の私もゆっくりくつろいで長期滞在していたのだ。

部屋は一戸一戸が独立したバンガロー形式だったので、ちょっとしたバカンス気分を楽しむこともできた。

経営が苦しいのか、従業員のタージビールは塀の外をツーリストが通りかかると、いつも必死の顔で「三食付き！　お茶二杯付き、ヨーガ付きで一日二百ルピー！」と叫んで呼び込みをしていた。実は私もこの三食付きに引かれてここに来たのだ。

このアシュラムの食事は質素だった。別に贅沢は敵である、ヨーガの修行者たる者菜食に徹すべし、と高邁《こうまい》な主義を掲げていたわけではなく、ただ単に貧乏だったのだ。

尤《もっと》もインドには菜食主義者がけっこう多くて、町の中にはちゃんと菜食レストランもあるし、普通の食堂に入っても、野菜のおかずを頼めば一切肉を食べずに済む。

私は何度目かにインドに来た時、そうだ、同じ赤い血を流す動物の肉を食べるのは良くない、とか思って菜食主義にかぶれ、一時期は菜食を実行していたが、その後タイとかインドネシアに移動したら、食堂で肉の入っていない食べ物を見つけるのが困難だったので、結局止めてしまった。初めは出された料理に肉が入っているとそれだけ残していたのだが、他の人に、「何、好き嫌いして」と言われ、別に嫌いで残しているわけでないのだが、確かに選り好みをするのは良くないと思ったからだ。それ以来、菜食にはこだわらず出されたものは何でも食べる。

インド人に菜食主義の人が多いのは、非暴力の思想によるもののようだが、実際には経済的な理由もあるようだ。日本だって一昔前はお肉を食べるのは何か特別の機会だけだった。

しかしこういう聖地では、町自体に肉や卵は売っていない。

ここのアシュラムは三食付きで、朝食はインド風おかゆのようなものとか、インド風オートミールのようなものが出たが、昼、夜は毎日芋のカレーに豆のスープに御飯だった。だから、どれどれ今日の御飯は何かな、という楽しみは全くない。毎日同じだ。

私はこのアシュラムにしばらくいて、台所を覗くと、人参とかオクラとか違う種類の野菜をたまに見かけたのだが、出される食事は何故か毎回芋のカレーだった。一体あのオクラはどこに消えたのだろう。従業員がこっそり食べていたのかな。

私は食べ物には文句を言わない人間なので、昼、夜、同じメニューで、しかもそれが毎日続いたとしても別に気にならない。お腹が一杯になればそれで良いので、おいしいともまずいとも思わず毎日食べていた。これで凄いなどと思ってはいけない。ここのインド人は多分、一生この食事なのだ。

しかし一ケ月ほどたったある日、今日の御飯はおいしい！　と突然感動したのだ。相え、どうして、今日は何が特別なの？　とお皿を眺めてみても、いつもと何も変わらない。相変わらず芋のカレーと豆のスープである。しかし暫くお皿を眺めて突然気が付いたのだ。今日は御飯から湯気が出ている！

それまでは気が付かなかったけど、ここの食事はいつも御飯が冷たかったのだ。

ここは三千メートル程ある高地なので、陽が落ちたら持っている服を全部着込んでも寒く、又、昼間でも天気が悪いと寒い。なのにこのアシュラムには食堂というものはなく、食べるのはいつも外だった。

長屋風に横一列に並んだ従業員用のバンガローの部屋の前には庇《ひさし》が付いた廊下があり、その廊下の柱に、幅三十センチ位の板を打ち付けてカウンターが作ってある。客はそのカウンターをテーブルにして、横一列に並んで外で食事を摂《と》るのだ。

ただでさえ夜は冷えるのに、風でも吹けばもっと寒い。それどころか、風がある日に雨でも降れば降り込んでくるので、雨に濡れながら食べるしかない。気が付かなかったけど、寒い中で冷たい御飯を食べていたので寒かったのだ。

だけどその日の御飯は暖かかった。暖かいというだけで御飯はこんなにおいしいものなのか。私は感動してその日は食べ過ぎてしまった。料理にはそれを最もおいしく食べるための適切な温度というものがあるのだ。

それにしても、どうして今までずっと御飯が冷たかったんだろう。コックさんは多分、最初に御飯を炊いてからおかずを作っていたので、おかずができる頃には御飯が冷えていたんだろう。もちろん日本のように設備が揃った台所があるわけではないから、コンロも一台しかないのだろう。しかし先におかずを作って最後に御飯を炊き、又おかずを暖め直せば全て熱々のものが出せるはずなのだ。別に大した手間ではない。

しかしそういうほんの少しの工夫をしようともしないのは、彼等が冷たい御飯に何の疑問も持っていないということだろう。別に客に暖かいものを出してあげたいとも思っていないということだし、自分たちも暖かい御飯を食べたいと思っていないということなのだ。

日本では、冷や飯を食べる、という言葉は、冷遇を受ける、という意味に使われるくらいなのに、彼等は客に毎日冷や飯を食べさせて別に何とも思っている様子はない。暖かい御飯を食べて感動しているのは私だけのようだし、これは御飯というものに対する感覚の違いとしか思えない。

日本は昔、米を税金として納めた国である。稲、米、御飯、と、その段階において名前が変化する国である。食事をすることを、御飯を食べる、という国なのだ。米がなければ始まらないのだ。

日本人の米に対する思い入れというのは、多分、他の国の人とは違うのだろう。

暫く外国をうろついて日本に帰ると、炊き立ての御飯が光っていて、まるで宝石を見るような思いがするものだ。御飯が光っている国なんかきっと世界中で日本だけだろう。その光ったお米を見ると、おいしいお米を作ろうというお百姓さん達の努力が見えて、私はいつも感動してしまう。ああ、日本に生まれて良かった。

このアシュラムもお米を光らせろとは言わないが、せめて暖かい御飯を出して欲しいものだ。だけど、どうして寒い中で暖かいものを食べたいと思わないのだろう。不思議。


ここは聖地だから、肉、卵の他に酒も売っていない。

従業員のタージビールは、ある日、人目を憚《はばか》って私の部屋に来て辺りをキョロキョロ見回し、

「ワイン飲みたくないか、ワイン」

と言った。

「ワイン？　だってこの町では、お酒なんか手に入らないんじゃない？」

「いや。それがあるんだ。こっそり下の町から買ってきたんだよ」

と、懐から小さな瓶を取り出し、ホレホレと嬉しそうに中の液体をグラスに注いでくれた。

インドではただでさえお酒を飲むことを快く思われないのに、こんな聖地では他のインド人には絶対秘密なんだろう。それで外人の私を共犯者にしたかったのだろうけど、私はお酒は苦手である。

しかも彼はワインと言っていたが、匂いを嗅いでみるとただのウイスキーのようだった。タージビールは英語が下手っぴだったので、お酒をワインと言うのだと思っていたか、あるいは彼にとってお酒というものはすべてワインなのか知らないが、とにかく彼は私を仲間に引き込むことには失敗したけど、大喜びで二人分を飲み干した。

ふうん。インド人は一般に余りお酒は飲まないけど、お酒禁止の聖地でも、やっぱり飲む人はどこからか手に入れてこっそり飲んでいるものなんだなぁ。発覚すれば罰金、とかいうことになれば多少は違うかもしれないが、禁止されても人から白い目で見られても、好きなことはやってしまうんだろうなぁ、人間って。

それでも飲んべえの日本人のように毎日飲むというわけではないから、タージビールは一杯のお酒ですっかり酔っぱらい、その後はいい気分でヘロヘロ仕事をしていた。

どれくらい強い酒だったのか知らないが、あんなほんの少しでここまでゴキゲンになれるんだから幸せである。だけど幾ら内緒で買ってきて内緒で飲んでも、これじゃあすぐバレてしまうと思うんだけど。

ここは山奥の聖地で、夏の間だけ町ができて巡礼で賑わう。雪で閉ざされる冬には皆、下に下りてしまって、この町は無人になってしまうらしい。新婚のタージビールも新妻を麓《ふもと》の村に残して、夏の間だけここに出稼ぎに来ているのだった。

ここまでやって来るツーリストはヨーガや瞑想に興味のある人が多いようで、殆どの人がインド名を名乗っていた。

インド名があって、実際その名前を使っているくらいだから、彼等はかなりのインド通なのだろう。そんな人には尊敬する師匠とかがいて、そういう人からインド名を付けてもらうようだ。しかし、あ、私もインド名欲しいなー、と思えば自分で勝手に付けて、今日からこの名前にするヨ、と言えば別にそれでも良い。

インド滞在が長いツーリストは仕草がインド人っぽくなってくるので、見れば大体分かる。まず一番に移ってしまうのは合掌である。インドでは普通、こんにちは、さようなら、などの挨拶は合掌してナマステという。そしてナマステというのはそのまま訳せば、貴方《あなた》を敬います、という意味だと聞いたことがある。

人と人とが敬い合う。人と人とが拝み合う。日本では合掌なんて、正月初詣でに行ってパンパンって何かお願いするときくらいしかしないのに、インドには日常にその動作がある。何て美しいんだろう。人間の一番美しい姿は、この合掌した姿だと私は思う。

イエスという時のインド人の首の振り方は独特だ。頭のてっぺんから下に垂直に心棒を立てたとして、ノーの時はその心棒を回転させるのは私達と同じだが、インド人はイエスの時は私達のように首を前に倒さず、心棒をメトロノームのように左右に振るのだ。何とも不思議な動きであ最初はイエスとノーの区別がつかないのだが、気が付いたら自分もこの動きをやっていたりして笑ってしまう。だからこれをやっているツーリストを見れば、どれくらいインドにいるかほぼ分かるのだ。

私は毎朝、やはりかなりのインド通らしいアメリカ人のゴピーとプジャに誘われて、森の中に瞑想に出掛けた。

彼女達はアメリカの東側と西側の全然違う場所の人達だったが、以前インドで出会って仲良くなり、今回は二人で打合せをしてここで再会したということだった。彼女達は瞑想が目的でここに来ているようで、アシュラムに帰ってもいつもバンガローの前のテラスで瞑想していた。二人とも誠実で、人の話を真面目に聞いてくれる優しい人達だった。

アシュラムから五分も行くと、そこには美しい森が広がっていた。山の雪が解けるに従って毎日大きくなっていく川の、迫力ある水の音を聞きながら私達は瞑想した。

だけど瞑想なんかしなくても、そこにぼーっと座っているだけで生き返るようなすがすがしい気持ちになれた。聞こえてくるのは、川の音、鳥の声、葉っぱのざわめきや小さな動物が草をかき分ける音。風は気持ち良く、木漏《こも》れ日の中で座っているとそれだけで、あー、何て贅沢、と満足してしまう。

プジャは頭を丸めた尼僧《にそう》さんで、言うなればアメリカ版サドゥだ。国に帰れば自分のアシュラムを持っていると言っていた。ゴピーは出家こそしていなかったが、中身はやはり尼僧さんのようなものだった。

彼女たちは以前にもここに来たことがあるらしく、今日はこっちの森、明日はあっちの川辺と散策し、いろんな気持ち良い場所を教えてもらった。私は彼女たちと一緒に、毎朝充実した時間を過ごしていた。

日本では毎日仕事に行って、週三回カルチャーセンターに通って、たまに友達と食事する、といったごく普通の生活をしていたけど、私は都会の真ん中に住んでいて、知らないうちに随分疲れがたまっていたんだなぁ。車のスピードや排気ガス、そしてその暴力的な音、機械のような仕事や職場の戦争のような忙しさ、灰色と直線だけの景色やコンクリートの家や、そんなもので。周りには緑がない。土がない。きれいな水や空気がない。

自然というのは神様だから、自然から切り離された生活をしていると人間はエネルギーを貰えなくて疲れてしまう。そういうふうに創られているんだと思う。その上、私達は自然のスピードからも遠のいている。

取り立てて不満もなかったので疲れていることにも気が付かなかったけど、ここでは毎日毎日、身体の中の細胞が新しく生まれ変わっていくような感じがしていた。

毎朝森に行くことで、知らない間に身体のあっちにもこっちにもこびり付いていた垢《あか》が少しずつ削《そ》ぎ落とされて、新しい命を吹き込まれていくような感じだった。

毎日自分の呼吸がゆっくりになっていくのが分かった。朝起きるのが嬉しくて、一日一日が新鮮だった。森の緑を見るのも水の音を聞くのも喜びだった。命の洗濯、という言葉を実感したのだった。一日中忙しく仕事に走り回って、やっと夜お風呂に入って、ほっと一息ついた時のようなそんな感じの日々を、ここでは過ごしていた。

時間はゆっくり流れていった。毎日が何となく過ぎていく。何て平和で静かで贅沢な時間。今まで気を張って肩に力を入れて眉間に皺《しわ》を寄せてぎゅっと閉じていたのが、少しづつ開かれて、新しい息を吹き込まれて甦っていくような、そんな感じ。

午前中、天気が良い時はシャワーを浴びる。タージビールが薪《まき》をくべて大きな瓶《かめ》でお湯を沸かしている。お湯が沸いたらそれをバケツに分けて貰い、水で少しづつうめながら身体を洗う。共同のシャワー室は一個しかなかったから、空いている時を見計らってお湯を貰い、素早くはいる。油断していると他の客にお湯を横取りされてしまう。客どころか宿の従業員もライバルだったから、競争率は高いのだ。

晴れている時、お湯が沸いている時、シャワー室が空いている時、という三つの条件が揃わないとシャワーは浴びられないから、なかなか大変だった。まず空の様子を見る。晴れ、良し。次にお湯を沸かしている所に行く。中の水の分量を調べ、沸き具合を調べ、水が少なかったら水を運び、温《ぬる》いようだったら自分で薪を持って来てウチワでパタパタ扇《あお》いで火を強くする。

そろそろ沸いてきたかなと頃合いを見ては、そのお湯を横取りされないようにしっかり横で、私今から使うからね、順番待ってます、という顔をして立っておく。あるいは、あれは私の分のお湯だからね、今からシャワー使うからね、と触れ回っておく。

シャワー室は半畳くらいの広さの周りを板で囲んだだけのもので、板は隙間だらけだったから、服を脱ぐと隙間風で寒い。お湯はバケツ一杯分だけしかないから水でうめるとかなり温《ぬる》いのだが、それをちびちび節約しながら使っていく。身体が濡れると益々寒いから、いつもしゃがみこんだまま手早く身体を洗った。頭を洗うときは、ちゃんとお湯の分量を計算しながらうめていく。でないと、うっかり使い過ぎてしまったら最後は冷たい山の水で流さないといけなくなる。全身洗って気分爽快。

シャワーは毎日浴びられるわけではなかったが、午前中はこんなことをして遊んでいる間に大体潰れていった。


ここはヨーガアシュラムだから一応道場があり、夕方になると近所に住むサドゥがヨーガを教えに来ていた。

ヨーガというのは、ゆっくりした呼吸に身体の動きを合わせていく大変良い健康法だ。それだけでなく身体が整えば心も整い、だんだん穏やかな人間になっていく。健全な魂は健全な肉体に宿るのだ。

子供の時は誰でもくにゃくにゃの柔らかい身体を持っているのに、年と共にだんだん拘《こだわ》りがうまれ、自分自身の考えに固執《こしつ》して融通が利かなくなり、それが身体にも現れて硬くなっていく。するとその固まった部分で滞《とどこお》った気の流れが病気を引き起こしたりする。そして、その固まってしまった拘りに身体の方からアプローチしていくのがヨーガなのだ。

ヨーガの授業に参加するのは全然強制ではなかったから、ここに泊まっているツーリストでも興味がなければ参加せず、自由に過ごしていても構わないし、他に泊まっている人でも授業だけ参加してもいいようだった。

毎日、若いインド人のお兄さんがヨーガを習いに通って来ていたが、彼は実に整った美しい顔をしていて、私は彼の彫刻のような顔を見るのが毎日楽しみだった。彼はインド人独特のその辺の布を巻き付けた様な服を着て、毛布を肩に引っ掛けて黙って佇《たたず》んでいると、まるで悟りを開いた聖人のように見えるのだった。高貴な雰囲気を漂わせていたので、私は最初この人が先生だと思ってうやうやしく挨拶したのだ。

しかしヨーガをするのに、Tシャツ、短パンに着替えるとただのやんちゃ坊主のようになり、「ボク初心者なんだよ」と無理なポーズをしては、「あいててて一」とか叫んで、この美しい顔との余りの落差に驚いてしまう。黙っていれば聖人なのに、つくづく見かけで人は判断できないんだなぁと思ったものだ。

ヨーガを教えに来ているサドゥは真面目で誠実な人で、見るからにヨーガ修行者らしく、いつも背筋を伸ばし、物静かに話し、これこそが自分の生きる道だ、と毎日ヨーガに励んでいるのだろう、彼はいつも一生懸命に私達ツーリストを指導してくれた。

しかしさすがインド人なので、生徒が私一人のときなんかは、

「一人だけのために教えるのなんかつまらない。今日はやーめた」

と言ってお茶だけ飲んでスタコラ帰ってしまい、私をあきれさせるのだった。

「私はボランティアでやっている。お金を貰っているわけじゃないから、やりたくないときに無理にやる義務なんか無いのだ」

と、堂々と自分を正当化するのだ。

私は別にヨーガが習いたくてここにいるわけではなかったし、だから今日は休みと聞くと実は内心ほっとしたりしていたのだが、こう当然のように帰られると腹が立ってしまう。

しかし知り合いになった韓国人のお兄さんにこの話をすると、彼はにこにこ笑って、

「そうか、そうか。それは素晴らしい人だ。彼はナチュラルだ」

と言う。

え？　そうなのかなぁ。確かに純真と言えば純真ではある。

人間はこんなに自然体でいてもいいのだろうか。私はここで、自分の授業を待っている人の期待を裏切ることに何の後ろめたさも感じないことの方が、不思議に思うのだが。

しかしもしかしたら、それがサドゥのサドゥたる凄さなのかもしれない。

いつも人の期待に応えようと無理をしていたら、そのうちクタクタに疲れて自分を見失ってしまうだろう。それより大切なことは自分自身でいることの方なのだ。そして多分悪いのは、期待を押しつける私の方なのだろう。

どちらにしろ私はヨーガの型は一通り知っているから、先生がいなければ自分一人でもやれるのだ。下手ではあるが。

そのヨーガサドゥは洞窟に住んでいて、彼はいつもそのことを自慢していた。

「私は洞窟に住んでいる」

と言うとき、彼はいつも胸を張るのだった。

どうもここでは、洞窟に住んでいる、というのはサドゥのステイタスのようだったが、どうしてそれが偉いのか私にはよく分からない。

ある時タージビールが、俺の師匠を紹介しよう、と言うので、二人であるサドゥを訪ねて行ったことがある。

彼は町外れの斜面をのぼった森の中に、日本のホームレスの人達が建てているようなビニールを張り合わせて作ったテントに住んでいて、二、三人の若いお弟子さんらしいサドゥが細々《こまごま》と彼の身の回りの世話をしたり、お使いに走ったりしていた。

彼は目の鋭い威厳のある人で、心の持ち方や、神様のことや、いろいろと有難い話を沢山してくれたが、実は何も覚えていない。その隣に座っていた、たまたまこのテントを訪ねて来ていた別のサドゥが強烈だったからだ。

このサドゥはでっぷりと太っていて、首にはネックレスをジャラジャラ、手首には腕輪をジャラジャラ、指には十本の指全てに派手な指輪をキラキラさせていて、お金持ってるのを誇示したいのかなんなのか、成金サドゥというういでたちだったのだ。

物に対する執着を捨てた人、というのがサドゥだと思っていたので、私はこの異様なサドゥに

すっかり見入ってしまった。彼は、

「私には、アメリカやカナダにも沢山の信者がいてね、時々向こうまで講演に行くんだよ、はっはっは」

と自慢するのだった。この宝石類も、その信者さん達から貰ったのだろう。

私は今まで殆どサドゥと接したことはなかったが、この町は聖地だから、道を歩けばそこにいるのは巡礼かサドゥか彼等相手の商人くらいのもので、サドゥはここには溢れていた。彼等は皆、着の身着のままで最低限の必要な身の回りの物を持っているだけで、せいぜい彼等の自慢は首にかけた数珠位のものだ。

こんなに身体中キンキラキンに飾り立てたサドゥを見たのは初めてだったので、驚いてしまった。しかしもっと驚いたのは、このサドゥまでが、

「今度訪ねていらっしゃい。実は私は洞窟に住んでいるんだがね。はっはっは」

と言って自慢したことである。

どうして彼等はこんなに洞窟に住んでいることを自慢したがるのだろう。洞窟に住んでいると言えば、それだけ物を捨てて神に身を捧げ質素な生活をしているというイメージを描いて、こちらがへへーっと平伏し、「おみそれしました。それはそれは何と尊い御方」と恐れ入るとでも思っているのだろうか。しかしそれは日本風に訳してみたら橋の下に住んでいるということで、要するに家賃を払ってないというだけの話じゃないの。橋の下が穴蔵《あなぐら》に代わったからってどうして威張《いば》るのだろう。

ある日、ドイツ人のサドゥがアシュラムにやって来た。彼はあるサドゥに弟子入りして、もう五年近く彼の下で修行をしているのだという。

インドでは、たまに西洋人のサドゥを見かけることがある。ここまでインドにはまるのも凄いが、又ここまでツーリストを受け入れるインドも凄い。

彼は勿論《もちろん》ヒンディー語はペラペラで、髪が金色で目が青いのを除けば、服装といい持ち物といい仕草といい、どこから見てもインド人だった。

「僕は毎年この季節になると師匠に言われてここへやって来るんだ。いつもは、ここにいる間は洞窟に住むんだけど、今年は空いてる所が一つも無くて全部詰まっているんだよ。だから今年はここのアシュラムでお世話になることにしたんだ」

成程《なるほど》。洞窟というのは人気の物件らしい。冬の間は寒くて皆、下に下りてしまうから、春になったら早い者勝ちで詰まってしまうようだ。サドゥにとっては一夏の別荘のようなものだろうか。

実際ここには洞窟が沢山あった。アシュラムを出て五分も歩けば美しい森が広がっていて、ちょっと見には分からないけど、良く気を付けて見たら、あっちにもこっちにもサドゥが住んでいるらしい洞窟が点在している。

そんな所を歩けば、天気のいい日にはサドゥが洞窟の前で日向ぼっこをしたり料理をしていたりして、ナマステと挨拶をして通れば、向こうもナマステとにこやかに笑顔を返してくれた。

ところで当り前といえば当り前だが、驚いたことに頭を丸めた尼僧さんのプジャと一緒に歩いた時にはサドゥの態度が全然違っていて、彼女には、どのサドゥも敬意を表して接してくるのだ。人によってインドはこんなに変わるんだ、ということを又私は発見した。

プジャのインドと私のインドは又全然違っているのだろう。サドゥも尼僧さんも神への道を歩む同志だから、彼等は同じ仲間として扱っているようだ。宗派にはこだわらないんだな。又、インドの懐の大きさを知ったのだった。

ここは実に気持ちの良い場所で、サドゥが瞑想するには最適だろう。私もすっかりここが気に入って、小道《こみち》から少し外れた人目に付かない所にいい場所を見つけて、午後は一人でそこへ行って太極拳をするのが日課になった。

私の日本での太極拳の先生の動きはそれは美しく、その上美人だから、先生の動く姿はまるで天女の舞のように美しい。私はそんな先生に一目惚《ぼ》れして習い始めたのだ。

大好きな太極拳だが、日本ではカルチャーセンターの室内でするだけで外でしたことはない。皆と一緒にするのもなかなか良いものだが、木々に囲まれた中でするのは又格別だ。ただここにいるだけで、歩いているだけでも気持ちが良いのだ。太極拳なんかしたら、それはそれは気持ちが良い。

私の中にこの木々のバイブレーションが流れ込んできて、私の身体は気に成り、木に成り、森そのものに成り、木々の葉っぱが風にさわさわと揺らされるように、そして光を受けてキラキラと光るように、あるがままに、自然に、身体の中から湧き起こってくる気の流れに誘われるままに、手足はゆっくりに色々な形を描いていく。

私が太極拳をしているのではなく、私の中で気が動いているから、それが形に現れて身体が勝手に動いている感じだ。

それは日本では一度も味わったことのない感覚だった。さすが聖地というのは伊達《だて》ではない。気が高いのだ。普段だったら絶対にできそうにない動きが現れ、身体が奥深くまで開かれていく。私の身体という感覚はなくなり、私が森の一部になってしまったような、森が私の中に入ってきたような感じだった。まるで森の精が私の身体を乗っ取って、光と風に戯《たわむ》れて遊んでいるようだ。普段はそんなに上手にできないのに、聖地のパワーの中で、ここではスルスルと身体が動いていく。

こんなに気持ちが良いのは初めてだったので、私はすっかり夢中になった。

太極拳の立禅《りつぜん》の姿勢をとってリラックスする。するとそのうち身体は勝手に動き始めた。

そこは道から少し引っ込んでいるので人に見つかりにくく、しかも目の前を川が流れている、深い森のとても落ち着ける場所だった。

毎日通って来て一人で気持ち良くやっていたのだが、ある日、向こうの岩陰の方を人がちょろちょろしているのが目に入った。サドゥだ。早く通り過ぎてくれないかな。彼はすぐに見えなくなったが、この辺もたまに人が通ることがあるようだ。

しかし次の日、私が又太極拳をしていると、そのババは又しても昨日の岩陰のあたりに現れ、向こうからずっとこちらを見つめているのだ。やりにくいなぁ。あの人何の用事であそこにいるんだろう。それとも変な外人女が変なことやってると思って、わざわざ覗きに来たのかな。

三日目になると私が太極拳を始めると彼は又現れて、今度は少しためらいながらも好奇心を押さえられないといった様子で少しづつ近付いて来た。そして終《しま》いには私の目の前まで来てずっと突っ立って、じーっと見つめるのだった。

その距離わずか一メートル。何なんだ、あんたは。やりにくいではないか。

こっちが人目を避けるためにこんな入り組んだとこまで来ているのに、どうしてわざわざ近付いてくるのだ。何でわざわざ目の前に立って人の太極拳やってるのを邪魔するのだ。あんたに何の権利があるというのだ。集中できないじゃないの！

どうしてこうデリカシーが無いのだ。まぁ無邪気と言えば無邪気なんだろうけど。

大体インドでは、どんなに人気《ひとけ》のなさそうな所に行っても、必ずどこから湧いて出てくるのかというように人が集まって来て、静かな田舎でも私の周りだけは常に人口密集地帯になってしまう。

ある時やはり静かな海岸に一人で行って、久しぶりに海を見て気持ちが良かったので、私は歌を歌っていた。するとやっぱりどこからか現れた人達であっという間に私は取り囲まれ、周りのインド人はご機嫌で私の歌に合わせて手拍子を打ったり、ズンチャッズンチャッと相《あい》の手を入れたりし始めたのだ。でもノッてるのは分かるけど、私がその時歌っていたのは「ふるさと」なんだけどなぁ。

このババも全然立ち去る気配がなく、相変わらず好奇心を丸出しにして目を見開いてじーっと見ている。

こんな目の前に知らない人に立って見つめられては、とても集中できたものではない。私はすっかりやる気を無くして、するのを止めた。全く腹が立つのだ。プンプン。

彼は私の動きが止まると、私を手招きしてこっちへ来いと岩の方へ誘った。ついて行って見ると、すぐ裏は洞窟になっていた。

あ、なーんだ、この人ここに住んでたのか。こちらから見たらただの岩で、出入り口が向こう側なので全然気が付かなかった。じゃあ毎日現れても仕方ない。彼の領域に毎日侵入してたのは私の方だったのか。邪魔してたのはこっちだったのね。あはは。

ババは私を招き入れるとお茶をごちそうしてくれた。気持ちの良い日溜まりにボロ布の座布団を敷いてここに座れと勧めてくれ、お腹は空いてなかったのに、ババはそれ食べろやれ食べろと昼食まで御馳走してくれた。収入のないババにとっては貴重な食料に違いないのに。

どうしてか分からないけど、彼は気の毒なほど気を使って一生懸命私をもてなそうとしてくれた。

しかし私はその日はたまたま昼すぎから用事があったので、私をもてなそうと他にも何か作り始めたババにそろそろ帰ると言うと、ババはもう帰るのかと大げさに驚き、まるで大切な人との此の世の別れとでもいうようにひどく嘆いて、私の顔を両手で挟んで撫でながら、お茶もう一杯飲んで行け、お茶もう一杯飲んで行け、と泣きそうな顔をして引き止めるのだった。

私の何が気に入ったのか、誰に対してもこうなのか、何だか浮世離れした人だった。

天気がいい時は気持ちが良くて、森に行ったり、お寺に行ったり、何をしても気持ちがいいのだが、雨が降ると惨めだった。寒いのに暖を取るものは何もないので、ベッドがポンと置いてあるだけの二畳ほどの部屋の中で、窓を閉め切って布団にくるまっているしかない。

インドの窓は何故か今だに窓ガラスがないことが多く、雨戸のような木の扉があるだけなので、閉めると真っ暗になってしまう。それで雨が降ったらいつも真っ暗な部屋の中で布団にくるまる以外することがなく、昼間から暗い所にいると、だんだん気が滅入って来てますます惨めな気分になっていく。

そして、一体どうして私はこんな所でこんなことをしているんだろう、と自分の人生に思いを巡らせるのが常である。日本でおとなしくしていれば快適な部屋があるものを。

このアシュラムには電気がないので、夕方日が暮れたら各部屋に一つづつランプが配られた。しかし火を点《つ》けるマッチがボロで、シュバッと点いたと思ったらパッとすぐ消え、シュバッと点くかと思ったらポキッと折れ、五本擦《す》ってやっと一本点くといった代物《しろもの》なのだ。私の持っているライターを貸してあげてもこれが又二十回カチカチしてやっと一回点くボロだし、やっとランプに火を点けるのに成功したと思ったらこのランプがやっぱりボロでなかなか火が点かず、オイルも入っているし芯も上がっているのに、点いたと思ったら消え、消えては又点けして、十個程のランプ全部に火を点《とも》そうと思ったら、これだけで三十分程も過ぎてしまう大仕事なのだ。

タージビールは夕方になったら毎日一生懸命にこんなことをやっていたが、ちょっと奮発して新しいランプを買えば随分時間の節約になるのに、と私は思ってしまう。その時間を別のことに振り向けてもっと有効に使えば随分いろんなことができるのに、何ていうことを考えるのは時間貧乏の日本人だからだろうか。

何の疑問も持たずに、こんなこと毎日やってるんだから笑ってしまうのだ。

従業員は三人いたが、最低限の自分の持ち仕事をやってしまうとあとは暇を持て余して、誰かお茶でも飲みにこんかなーって感じで庭でぼーっとしていた。毎日そうだから、私は少しハテナと思ってしまう。そんな暇があるんだったらトイレの鍵くらい付けたらいいのになぁ。

共同のトイレのドアには鍵がなく、紐《ひも》の切れ端がくっつけてあるだけで一々それを結ばなければならない。しかもその紐はつるつる滑ってゆるみ、用を足している間にドアが開いていくので、こちらは気が気ではない。

ぼーっとしている暇があったら何かしたらいいのに、と思うのは、やはり時間貧乏なのだろう。あ、シーツ汚い、洗わないかん。あ、ゴミがある、拾わないかん。こんなふうに、いろんなことが気になるから私達は色々やらなければならず、何もしていない時間を無駄だと感じてしまうのだ。

アシュラムでは毎日同じ物を食べていたので、私はたまにお菓子屋さんに甘いものを買いに行った。インドには団子のようなそれはそれは甘いお菓子があって、私はそれが大好きだ。

ある日、インド団子をいくつか買ってお金を払うと、お釣りの代わりにアメ玉をくれた。インドではどういう訳かお釣りがないと言われることが多く、買物をする度に困るので、こちらは常に小さい額をワサワサ持っていないといけない。お菓子屋さんで十ルピー出しても、たった五ルピーのお釣りがないなどと言われるのだ。引き出しの中に少しでもお金がたまったら、安全のためにどこかへ持っていくのだろうか。インド七不思議の一つである。

ところでこのアメ玉、変な茶色っぽい色をしていたので試しになめてみようと口の中に入れてみたら、そのまずさにすぐに吐き出してしまった。甘さを期待していたのに、何とカレー味だったのだ。

うげげ、毎日カレー食べてるくせに。何もアメ玉までカレー味にすることはないだろう。カレーは食事のときだけでいい。最近こちらで歯磨き粉を買ったら、それまでカレー味だったんだから。

幾ら日本人がしょうゆが好きだといっても、しょうゆ味の歯磨き粉を使おうとは思わないだろう。インドの人はカレー無しでは夜も日も明けないようだ。

私はお茶飲み助《すけ》なので、アシュラムで朝と午後出されるお茶だけでは満足できず、よく町のお茶屋に出掛けた。

唸《うな》りながらゴーゴーと踊る川の力強い流れを見ながら、私は午後の一時《ひととき》を一人お茶屋で過ごすのが好きだった。

天気のいい日には、青い空の中に雪を頂いてそびえる山々の連なりがくっきりと浮かび上がり、改めて自分が異国にいるんだということを思い出させる。

川向こうのお寺ではインド人の巡礼たちが騒いでいるし、橋の袂《たもと》には、人々から小銭をもらおうとずらりとサドゥが並んで座っている。そこを大きな荷物を担いだ家族連れの巡礼が嬉しそうに笑いながら行き交う。お寺に続く参道には賑やかに商店が立ち並び、神様のポスターや巡礼者向けのお土産を売っている。

山深い聖地の独特の活気の中、思えば遠くへ来たもんだ、と一人お茶を飲みながら感慨《かんがい》に耽《ふけ》るのだった。

ヒンディー語なんか分からナヒーン

「ラジューと話すのはとても楽しい。はい、これをヒンディー語で言ってみて」

「ムジェ　ラジューケサート　バットカルナ　バホッド　アッチャー　ラグターヘイ」

「そうだ！　すごいぞ、その通りだ！　じゃ次はこれ。多分来年は、お母さんをここに連れて来られるでしょう」

「サヤッド　アグレサール　マェ　メーラマーコ　イャハン　ラー　サクンギー」

「そうだ、全くその通りだ！　素晴らしい！」

一ケ月もたつと私のヒンディー語は目に見えて上達していた。為《な》せば成る。たった一ケ月でこんなに分かるようになるなんて。

私は毎日、先生のラジューが帰った後、ヒンディー語の復習をしながらペラペラになった自分を想像して、一人にやけている。

私もよく勉強したが、これは全くラジューのお陰。私はつくづく良い先生に恵まれた。今回こそはなんとかヒンディー語を喋れるようになりそうだ。

日本語だけで成り立っている日本に住んでいる私には少し理解しにくいのだが、インドは言葉で州を分けたと言われるほど沢山の言葉がある国で、お札に書いてある言葉だけで十五もあるという、とんでもない国だ。

　インド人に言葉は幾つあるのかと訊いてみても、返ってくる答えは百とか五百とかバラバラで、インド人自身にも把握できていないという信じられない国なのだ。本を見ると千五百なんて書いてあって、全く私達の国という概念を越えている。まさに多様なものが多様なまま存在する国である。

　公用語は一応ヒンディー語ということになっているが、それも通じるのは北部だけ、南は南で、また別の言葉を使っている。

　同じ一つの国の中で国民全部に共通する言葉がない国なんて、私にはよく理解できない。さっさと一つにまとめたらいいのに、と思うけど、南の人にもプライドがあってヒンディー語を受け入れようとはしないらしい。

　聞くところによると、国際会議みたいな場では日本人は何も言わないので嫌われ、インド人は自分の意見ばかり喋り過ぎて嫌われるらしい。

　だから言葉にしても、皆が皆、オイラの使ってる言葉じゃないとヤダ、とそれぞれ大声で主張し合っているので、結局まとまり切れずにバラバラのまんまという感じ。逆の見方をすれば、他の主張も認めてバラバラのまんまそれなりにまとまっている、ということかもしれないが。全く、これぞまさしくインドなのだ。だから、南の人と北の人が話すときは英語で話したりしている。

　インド人でも転勤族なんかは、この言葉の問題で子供の教育のことでは頭を悩ませているらしいし、夫婦でも出身地が違えば言葉は通じないから、やはり英語を使うしかないようだ。

英語はインドの準公用語ということで、日本で英語を喋れば特殊技能でも身に付けているかのように一目置かれたりするが、インドでは、ある程度の水準の教育を受けた人は皆普通にペラペラ喋る。

但しそれはエリートの話で、インドでは識字率《しきじりつ》さえまだ五〇パーセントと聞いたことがあるから、英語も準公用語とはいえ、話せない人の方が圧倒的に多い。

それで今回、私はヒンディー語を習ってみることにした。

インドには今まで何回か来ているのに、実は私はヒンディー語は単語をいくつか知っているだけ、という実に失礼なツーリストだった。

ヨソの国にお邪魔しているからには、その国の言葉を多少なりとも覚えるのは最低の礼儀というもの。だから今までも何度か覚えようとはしていたのだが、いつも途中で挫折していたのだ。というのも、インド人に、これはヒンディー語で何と言うか、と尋ねてみても返ってくる答えはバラバラだし、丸覚えしたフレーズだけでは、ちょっと状況が変われば使えない。それに私達ツーリストが必要な場所では英語が通じるので、そんなに不便を感じなかったのだ。

しかし今回ヒマラヤ奥地の巡礼に行った時は、この通じるはずの英語が全く通じなかった。ツーリストの来ない場所なのだ、仕方ない。身振り手振りと日本語で必要最低限のことは何とかやってきたが、不便なことこの上ないし、それにバスの中でもお寺でもワイワイ楽しそうなインド人の中で、一人言葉が通じずにつまらない思いをしたのだ。

せっかくの同じ巡礼という共通の目的を持っていても、話せなければ楽しさは半減する。仲間に入れてやろうと話し掛けてきてくれても、分かりませんの一言で、いつも会話は途切れてしまう。

「旅行者か？　あんたヒンディー語は分かるか？」

「いや、分からないんです」

「何でだ？　あんたの国では学校でヒンディー語を教えないのか？」

教えるもんか。全く天下の田舎者め。

私は固く決心をした。今度こそはヒンディー語を学ぼう。

日常会話くらいはマスターして、もっと自由にインドを泳ぎ回れるようになろう。今まで話せなかった人とも話せるようになって、もう一歩インドの中に踏み込もう。読み書きはできなくていいから、とにかく話せるようになろう。よし、今度こそはヒンディー語をものにしてやるぞ。

ヤル気あるところ道は必ず開かれる。必要なものは必ずやってくる。

バラナシにいた私の前に、ラジューという最高の先生が現れた。

ラジューは毎日私の部屋に家庭教師にやって来た。彼は教え方が最高にうまかった。

今までは、これをヒンディー語で何というか、とインド人に訊いて回っても、その度に同じ単語がいろいろに変化するので何とも釈然とせず、ヒンディー語を勉強するといっても、そのセンテンスを丸ごと覚える以外に方法がないのだった。分かりそうでまるっきり分からないそのもどかしさに、ずっといらいらしていたのだ。

その上、インド人でもヒンディー語の上手な人と下手な人がいるみたいで、更にインド人は知ったかぶり大好きなので、大威張りで間違いを教えてくれたりして、こちらはますます混乱してしまう。

しかしラジューに教えてもらうと、まるで魔法のようにこの謎が解けた。

ヒンディー語は主語によって動詞がいろいろに変化する。Ｉ（男）、Ｉ（女）、ｙｏｕ、ｈｅ、ｓｈｅ、ｔｈｅｙ、ｗｅ、などのほかに丁寧語というのもあるから、その変化の仕方は複雑だ。しかしルールさえ分かれば何ということはない。

そしてラジューはその法則を実に分かり易く整然と教えてくれたので、毎日の授業はまさに目の前にあった厚い雲が少しづつ晴れていく感じ。法則通りに動詞を変化させさえすれば、文章は自分で自由自在に組み立てられる。そうだ、私はこれが知りたかったんだ。

しかもヒンディー語の単語の語順は日本語と同じだったので、日本語の単語をヒンディー語の単語に置き換えれば、それでバッチリ文章が出来上がるのだ。

「私はいつもラジューの本を読みます。ハイ、これをヒンディー語で言うと？」

「えーと、マェ　ハンメサ　えーと、ラジューケキタープ　えーと、パルティーフン」

「おー！　素晴らしい！　君は天才だ！　こんな優秀な生徒をもって、僕は鼻が高い！」

一つ正解をいう度に、ラジューはこちらが恥ずかしくなる程誉《ほ》めちぎった。豚もおだてりゃ木に登る。ラジューは生徒をやる気にさせる方法を心得ていた。

「私はビノッドと一緒にラジューの家に行きたい。ハイ、これは？」

「マェ　ビノッドケサート　ラジューケマカーン　ジャナ　チャーティーフン」

「おー！　凄い、その通りだ！　何と優れた生徒なんだ、君は！」

これは一日目の授業である。一日目は現在形、私は〜する、彼は〜する、などの単純なセンテンスなのだが、〜と一緒に、いつも〜、などという言葉が少しくっついているだけで、何だか自分がすごく複雑な文章を話しているような気になるのだ。

もちろんラジューはその効果をよく知っていた。凄い、凄い。一日でこんな難しいことが言えるようになるなんて。

おまけにラジューは実にまめに誉めちぎってくれるし、もう私はおだてられて木に登った。そこら辺中の木に登りまくった。

毎日ヒンディー語の授業が待ちどおしかった。楽しくて楽しくて、ラジューが帰った後も毎日五時間くらいは復習をしていた。おかげでこの時期、遊びに来ているはずのインドで、私は大変忙しかった。

私は子供の頃にワープしていた。そうだ、子供のころ勉強は楽しかった。

今まで知らなかったことを知ること、今まで分からなかったことが分かるようになること。毎日が発見で、新しい世界が広がっていくのは喜びだった。

そうだ、勉強というものは本来楽しいものであるはずなのだ。学校を卒業して以来、何かを勉強するというのは随分久しぶりのことだったから、私はすっかりあの希望に満ちた未来を持っていた頃の自分に戻っていたのだ。

そうだ。今から自分は成長していくんだ。もっともっと沢山のことを学んで、もっともっと沢山のことを知っていくんだ。又新しい世界が広がっていくんだ。

私はノーはヒンディー語でナヒンというのはずっと前から知っていたが、イエスは知らなかった。何か尋ねると、イエスと答えるところでインド人はハァと答える。

「この列車はデリーに行きますか？」

「ハァ」

何だか頼りないのである。本当に行くとかいな。

「この石鹸は五ルピーですか？」

「ハァ」

何とも横着なんである。もうちょっとましな返事はできんのか。

いつもハァなので、正式なイエスは何だろうと思いながらもいつも深くは追求せず、ずっとそう言えば何だろうと思いながらそのうち忘れ、今までそのままになっていたのだ。

しかし今回ラジューに習って初めてイエスが何なのか分かった。ハァだったのである。

ハァ？

これを聞いたとき、私はほとんどアゼンとしてしまった。いつもハァと答えられても、それがイエスだということに気付かない私も間抜けといえば間抜けだが、まさかハァが正式な、辞書にも載っている、れっきとしたイエスだとは思いもしなかったのだ。

それはこちらが何かを一生懸命しているときに話し掛けられて振り向くときの、取り敢えず口から出るハァ。

あるいはもうそろそろ仕事も終わり、帰り支度を始めようというときにややこしい仕事を頼まれて、ふてくされて返事するハァ。

休みの日の楽しい計画を練っているときに、全然興味のない話をされて相づちを求められ、うわの空で返事をするときのハァ。

要するに、できたらやりたくない、できたら返事したくないというときの、あのハァなのだ。それはハァと書くことさえおこがましいような、しかし強いて表記しようとすれば一番ハァが近いかな、という程度のハァである。ヘェともホォとも書けるような、はっきりしない間の抜けたハァである。身体中から力を抜いて、ポカンと口を半開きにして、ほんの少しお腹を引っ込めたときに自然に出る音。口から出て来るスカシ屁のような、あのハァなのだ。

日本語は、はい。英語はイエス。タイ語はカーだし、フランス語はウイだ。どこの国の言葉にも多少はどこかに力が入っていて、これは肯定である、という意志を感じさせるものである。なのにハァとは何だ、ハァとは。

「これは新しいシーツですか？」

「ハァ」

こんな返事じゃ頼りない。本当に洗ってあるのか不安になってしまうのだ。

ハァなんていうのは気のない返事をするときの人類の共通の音なのだ。こんなものが大きな顔して一つの単語として辞書に載っているなんて、目が点になってしまうのだ。

もしも日本で客に何か言われてハァなどと返事しようものなら、客は何だその態度はと怒りだし、責任者は顔色変えて飛んでくるだろう。上司の前でハァなどと言おうものなら、そいつは直ちに降格されるに違いない。

イエスがハァ？　やる気あんのか、あんたら。

私はこれを知ったときに、何だかインドという国が理解できたような気がしたものだ。

インドは自然体の国。肩に力の入っていない国。皆そのまんまに言いたい事言ってるからストレスもたまらず、禿《は》げてる人さえ滅多にいないような国なのだ。

イエスがハァねぇ。成程ねぇ。

そうと知ってみればこの国のイエスはハァ以外にはあり得ないような気がして、妙に納得してしまうのだった。


ラジューはまだヒンディー語の先生になったばかりだったから、生徒を集めるのに苦労していた。というのも、教室を構えているわけではないし、ここにヒンディー語の先生がいますよ、と、流動するツーリストにお知らせする方法がないからだ。それでツーリストが集まるレストランに張り紙を出したりしていたが、主な生徒獲得方法は口コミしかない。

だからラジューはいつも私に、生徒を見つけて来い、と言ってプレッシャーをかけるのだった。

ラジューの教え方は本当に上手だったから、私もヒンディー語に興味のある人にはラジューを紹介してあげたいし、バラナシは日本人が多いので、日本人を見かけると、ヒンディー語習いませんか、と声を掛けて歩いていた。

しかし話し掛けただけで、いやーな顔をする人もたまにいる。実に不思議なのだが、日本人に話し掛けられたがらない日本人というのがたまにいるのだ。外国で同じ国の人に話し掛けられて嫌がる人というのは、日本人だけではないだろうか。韓国人に話し掛けられて嫌がる韓国人、ドイツ人に話し掛けられて嫌がるドイツ人。どちらもいないように思う。

まぁ、そういう人はあんまりいないが、知らない人にいきなり、ヒンディー語習いません？などと言うと相手は私を客引きと見なすようで、日本人を騙まそうとしている日本人のように警戒の目で見られたり、断る場合は、皆申し訳なさそうな顔をする。

私は何も勧誘しているわけじゃなくてお知らせしてるだけだから、要らないなら要らないの一言で別にいいんだけど。

なんだか、いつも必死で客引きしているボートマン達の気持ちが少し分かる気がした。大変だったのね。おっちゃんたちも。

しかしその甲斐あって、私がラジューに習っている間にも何人か日本人の新入生がやって来た。ラジューは日本語が喋れるわけではないから授業は勿論《もちろん》英語で進められ、生徒は全員、英語でノートを取る。この時つくづく私は日本の教育水準の高さを知ったのだ。

日本人には英語コンプレックスがあって、自分は英語は駄目だと思っている人が多いようだが、それは単語や詳しい文法を知らないだけで、アルファベットが読めない人はいないだろう。

日本人は全員、日本語と英語が読み書きできるのだ。これは凄いことだと思う。

知らないインド人と話すと、相手は必ずこちらの学歴を質問する。そして自分の学歴の方が上だと分かると、その途端に手の平を返したように馬鹿にし始めたりして全く気分が悪いのだが、それは裏を返せば、インド全体の教育水準の低さを物語っているのだろう。だから大学出なんか物凄くエリート意識が強い。

しかし日本人は全員二ケ国語が分かるのだ。日本人はもっと自信を持ってもいいんじゃないか。

Ｍｙ　ｎａｍｅ　ｉｓ　Ｊａｐａｎ　が読めない日本人はいないよね。


日本人から見たら外人は（日本人にとって日本人以外の人は全て外人なのだ）ジェスチャーが大げさに見える。

私も英語を話すときは、知らず知らずのうちにジェスチャーが大げさになってしまうのだが、これは別にカッコ付けているからではない。ただ自分の話している英語に自信がないので、何とか伝えようとすると、表情も手も足も総動員して全身で足りない分を補おうとするから自然にそうなってしまうのだ。

しかし私はふと思った。英語を流暢《りゅうちょう》に喋るイギリス人だって、もしかしたら同じなんじゃないかって。

日本は以心伝心の国だ。言わんでも分かるやろ、それとなく察してよ、の文化だ。悪く言えば腹の探り合いの国なのだ。

しかしそれは私達が、人間は皆同じである、話さなくても分かり合えるものである、と、どこかで思っているからではないのか。日本は島国で、殆ど単一民族で、同じ文化の基盤を持っていて、大体誰も同じことを同じように感じるのだ。

だけどそうでない国の人達は、人間というのは皆違うもの、何を考えているのか分からないもの、という思いがあって、だから幾ら言葉が通じても、言葉だけでは伝えきれない何かがあると思っているのじゃないだろうか。だから彼等も全身を使って話そうとしているのじゃないだろうか。

言葉というのは生きものである。

私の友人に日本語の他に英語と中国語を自由に操る人がいるのだが、彼は英語を話し出すと急にキザになり、中国語を話す時は態度が横柄になる。言葉というのは人格まで変えてしまうようだ。

私は英語を話すときは、やたらと自己主張をするようになってしまうのだが、ヒンディー語を話すときはどう変わるんだろう？

いきなりパーッと解放されて細かいことをあんまり考えない馬鹿になったりして。で、いきなりニコニコしだしたりして。ははは。

今はまだ話すというより、単語を思い出しつつ順番に並べるだけで精一杯だけど、もう少し話せるようになったらヒンディー語というのが私にどう作用するか、今から実に楽しみだ。

私の初めての海外体験はイギリス留学だった。もちろん英語は中学から習うから、英語初体験ではない。

しかし実際その言葉を使う国に住んでみて初めて、言葉の違いというのは、それを使う人の意識の違いなのだと実感したものだ。

日本では話している相手によって、私が、わたくしや僕や俺と変化し、相手の呼び方も又変化する。日本人にとって大切なのは自分自身ではなくて、自分や相手の所属している場所、立っている場所なのだ。

しかし英語はIだけである。これは、自分はあくまで自分で、どんなものにも影響されないぞ！　何が何でも自分は自分なのだ！　という意志のようなものを感じさせる。

文章を書くときは英語では必ず、私、Iは大文字で書く。そのことは知ってはいたが、イギリスに住んでみて私は初めてそのことの意味が分かった気がした。

個人主義の国だった。

文章の中でIはどこにあっても大文字で真っ直ぐに立ち上がり、ここに私がいるぞ！　と言っているようだった。Iはいつでもその存在を主張していて、常にこの世界の中心なのだ。

私は英語を使う人にとっては、この世界というのはIとI以外のものとの対立で成り立っているのではないかと思ったものだ。

そして相手に話しかけるときはｙｏｕである。相手が家族でも赤の他人でも、王女様でも乞食でも、皆、等しくｙｏｕなのだ。そこには相手に対する親密さも愛情も、親子の絆さえ入る余地がないようだ。

何という合理的で強くて冷たい言葉だろう。彼等はもしかしたら自分だけの力で生きていると思っているのではないか。もしかしたら自分以外誰も信じていないのではないか。自分と他人だけで構成されている世界に住んでいると思っているのではないか。そんな気がしたのだ。

ヒンディー語は不思議だった。

ラジューから、私はマェ、私達はハム、又はハムログと教わったのだが、インド人はマェというべきところでハムと言ったりする。複数形だから誰か連れがいるのかな、と思っているとやはり一人だったりする。

私と私達の区別が無いというのはどういうことだろう?

変ではないか。忍者の何とかの術があるわけではないし、クローン人間がいるわけでもない。私は何と言われても、此の世に一人だけなのだ。

いや、しかしインドに暫《しばら》く居ると、私と私達というのは本来同じことなのかもしれないという気がしてくる。段々その区別が曖昧《あいまい》になってくる。というよりは私と私達が溶け合って、私が私達に拡大していくような気がする。別の見方をすれば、私達の中の私に気が付くというのだろうか。私は実際には常に私達なのだ。

インドで汽車に乗ると、向かい合わせの席に座り合わせた人達は常に何だかんだと話し、笑い、新聞を回し読みしたり、その辺の水筒の水を勝手に飲んだりしているから皆一つのグループなのだろうと思っていると、実はバラバラの客であることが多い。

あんたどこまで行くの、から会話が始まって、バラバラの乗客の一人だった私はすぐにグループの私達になる。だからこの時一人一人の私は、実は私達なのだ。

日本に帰って電車とかバスとかに乗ると、どんなに満員でもシーンと静まり返っていてひどく奇妙な感じがする。そうかと思えば女子高生のグループが乗ってくれば、まるで壊れた人形の集まりのように大声で喋って周りの迷惑を顧《かえり》みないのも異様である。座っている人は疲れて眠りこけているかケータイにメールしているかだし、立っている人は隣の人と身体が触れ合う不愉快さにイライラしている。

いくら人で溢れていても人と人との間にはバリアーでも張ってあるかのように、お互い関係を持とうとしない。皆、そこに誰もいないかのように振る舞って、いくら沢山の人がいてもその中で私たちは孤立しているのだ。

しかしインドの人間関係は余りに熱い。常に係わり合い、一人で居てもすぐに大勢の人に取り囲まれて、私はたちまち私達になってしまう。

そして、もしかしたらインド人にとっては私の物と私達の物にも、きっちりした区別はないのかもしれない。私が常に私達の中の一人なのだったら、私の物は即《すなわ》ち私達の物なのだ。

私はあることを思い出さずにはいられない。カトマンドゥにいた時、あるツーリストの男の子が評判の店のチーズケーキを買ってきてロビーで食べ始めた。ネパール人のフロント係のお兄さんは少し味見させてくれとねだったのだが、彼はガンとしてあげず一人で食べてしまったのだ。そのチーズケーキは彼にとっても奮発して買ったものだから、あげたくなかったのだろう。しかしそれを食べないと飢え死にするという切羽詰《せっぱ》まった状況にあるわけではあるまいし、一つのものがあって、それが自分のものだとしても、他にもそれを欲しがっている人がいたらほんの少し分けてあげるのは、人間として普通のことだと思う。その普通のことをインド人は普通にやっている。何かを人と分かち合えば、物は半分に減っても喜びは倍に増えるのだ。

よく考えてみれば一人だけで生きている人間なんか此の世にはいない。今自分が着ているこの服だって、何人の人の手を経て服となって私のところへ来たのだろう。こうして別の町に行く間にも何人の人のお世話になっているのだろう。切符を買い、誰かが造って誰かが運転している汽車に乗り、同じ席のインド人たちはツーリストの私を気遣ってくれる。私は一人でいると思っているときでも、実は沢山の人と共にあるのだ。

だから私は一人で旅していたが、一人で居るわけではなかった。常に人との繋《つな》がりの中にいた。夜、ゲストハウスの部屋で一人で寝ているときでも、私は常に私の健康を気遣ってくれる宿のおっちゃんや、顔見知りの人や、日本に居る家族と一緒にいたのだ。

私と私達が同じという この国の言葉に、私はとても暖かいものを感じるのだ。それは、人間は一人じゃないんだよ、いつも誰かと共にあるんだよ、と語りかけているようだ。

そしてインドはそういう国だ。

日本に帰ると、切り離された感じがする。神様から、自然から、人間から切り離されて、一人で生きている気がする。

だけどインドに来ると、いつもそういうものと再びつながって、暖かく暖かく安心の中に包み込まれる。

お四国を遍路して歩いた時、かぶった笠には同行二人《どうぎょうににん》と書かれていた。それと少しニュアンスは違うかもしれないが、一人ではないという思いは、何と私達を安心させるものなのだろう。

ラジューは妙に人の良いところがあって、ビジネスに徹することができないのだった。一回の授業は一時間の約束だったが、ラジューはいつもサービスで二時間くらいおまけでやってくれていた。

そんなラジューがある日、肩を落としてやって来た。

日本人の女の子に一週間教えた後で、ラジューはいくら欲しいとはっきり請求することができずに、もじもじして、相場は一回五十ルピーなんだけど君が思っただけでいいよ、と遠慮気味に言ったらしいのだ。するとその女性は、一ケ二ルピーのビリィというインド煙草を二ケくれただけだったという。

「僕は驚いたよ。そりゃないだろうって。だけど幾らでもいいって言った僕が悪いんだから」

彼女は喜んで一週間続けて来たらしいから、ラジューの授業に不満があったとは思えない。ラジューの授業が気に入ったのなら、自分を喜ばせてくれただけに見合う、相手を喜ばせるお金をお礼として渡すのは礼儀というものではないか。

インドでは、インド人にボラれた、とぶつくさ文句を言ってる人は多いけれど、私達ツーリストにもこんなふうに相手の足元を見て、払わなくていいなら払いたくない、と思っている人は多いのだ。値切らな損と思っているツーリストと吹っ掛けな損と思っているインド人が釣り合って呼び合い、そして出会うだけの話なのだ。ノープロブレム。

しかしラジューもたまにこんな意地悪をすることがあった。

「はい、じゃ、十から二十まで言ってみて」

「ダス、エガーラ、バーラ、テーラ、チョーダ……」

「ギャハハ。もう一回。十四は?」

「チョーダ」

「ギャハハ。もう一回もう一回」

「?　チョーダ」

「ギャハハハハハ。あのね、実はチョーダっていう単語は外人には発音できないみたいで、君の発音ではいやらしい意味になってしまうんだよ。だから十四だけは英語で言った方がいいよ。それを言って男に抱きつかれても知らないよ。ハハハ」

何だ、人が悪い。何も知らない私に何回も言わせといて一人で喜んでいるんだから。

日本語では数を数えようと思ったら一から九までを覚え、十、百、千、万、などの単位を覚えたら、後はそれらの組合わせで幾つまででも数は数えられるものである。しかし何とヒンディー語では、全ての数に違う名前があるようなのだ。

だから百まで数えようと思えば百の単語を覚えなければならない。千まで数えられるようになろうと思えば千の単語を全て覚えなければならないのだ。

これには頭がクラクラしそうだった。さすが全てをありのままに存在させておくインドの言葉だ。どうして系統立てて整理するということをしないのか。言葉にさえ合理性というものが見当らない。

大体インド人は片付けるという事を知らない。全てがグチャグチャのまんまだから、言葉も無理に片付けようとせず、あんまり細かい事は気にしないようだ。

言葉というのは人間の表現手段だから、その土地で育てば何の努力をしなくても勝手に喋れるようになるものだ。十進法にして法則を作らなければ覚えられないというものでもないから、別に無理して片付けなくても問題はないんだろうけど、なんともここがインドなのだ。

インドの数は十進法ではなく二十進法だと聞いたことがあるような気がする。そういう事情があって法則が作られないのだろうかとも思うが、やはり関係ないだろう。どうしてこういう言葉を使う人が数学に強いのか、不思議に思う。

「ちょっと一体何、この言葉は！　どうにかならんの！」

と、ラジューに八つ当りしても、ラジューは「これがインドだよ」と言って笑うだけだ。

たまにラジューの部屋で授業を受けるときもあったが、ラジューは煙草を吸うのに部屋には灰皿がない。「この部屋全部が灰皿だよ。あはは」と言って気にしない。

部屋の中に灰皿がないように、町の中にはゴミ箱というものがない。町全体がゴミ箱なのだ。インド人はゴミさえ否定しない。何もかもいっしょくたのままなのだ。

最初、私は外出している間にゴミが出たら、それを宿まで持ち帰って宿のゴミ箱に捨てていた。しかし信じられない事に、宿のおっちゃんはそのゴミをガバと道に捨てたのだ。インドではゴミというのは道に捨てるものらしい。

綺麗好きの私はこのインドの汚さに耐えられない。インドが綺麗だったらどんなにいいかと思うけど、しかしそれは多分有り得ないことだろう。インドは汚いからインドなのだ。インド人がゴミを捨ててはいけないなんてことを考えるようになったら、それはもうインドではない気がする。全てを肯定するノープロブレムの国がインドなのだから。

それにゴミを道に捨てるのも、その中の食べられるものを動物にあげようという優しさがあるのだろう。もっとも、だからといって動物のために生ゴミだけを分別してあげようとは思わないところが、やっぱりインドだけど。

ついでにいうとインドには殆ど公衆トイレというものがなく、だから町全体はトイレのようなものだ。男性が道端でおしっこしているのをよく見かけるが、インド人は立ちションではなく、しゃがみションをする。ガンガーなどで水浴びしているのを見るとインド人はふんどしを締めている人が多くて、その機能上の問題があってしゃがんでいるのだろうか。

話が逸《そ》れてしまったが、そもそもインドの中に千五百という言葉があるということ自体が信じられないことなのだ。不便じゃないのかなぁ。多分インド人のことだ、不便だなぁ、と思いつつ大して気にしていないんだろう。ノープロブレム。

ヒンディー語を学ぶための外人用のテキストは本屋に何種類か売っている。

しかしラジューは生徒を何人も掛け持ちしていたが、頭の中でどういうふうに整理しているのか、教科書も何も使わずにいつも空《そら》で教えるのだった。そしてラジューの教え方はどうやって編み出したのか、どのテキストよりも分かり易かった。

だけど毎日同じことやってるんだったら、自分なりにノートを作って整理するとかして工夫すればもっと能率的にできるのに、と私は思ってしまう。ここいら辺でも、やっぱりインド人は片付けようとしないようだ。


二ケ月ほどたったある日、ラジューが質問した。

「私の母は良い人です。はい、これは？」

これはかなり前に習った初歩の表現ではないか。どうして今更こんな簡単なことを訊くんだろう。

「メーラ　マー　アッチャー　ヘイ」

と自信を持って答えると、ラジューは少し困った顔をしている。

「メーラ　マー　アッチャー　ヘイ。どうしたの、ラジュー」

「いや、実はその、　そうじゃないんだ」

「は？　どうして。私のはメーラ。母はマー。良いはアッチャー。ですはヘイ。完璧じゃない」

「正しくは、メーリ　マー　アッチー　ヘイ、と言うんだ。実は今までは教えなかったんだけど、母は女性だろう。だからメーラはメーリになって、アッチャーはアッチーになるんだよ」

「はあ？」

ぞぞぞ。何とヒンディー語というのは、主語によって、所有格や形容詞まで変化するというのか……。

ラジューは最初は基本中の基本しか教えてなくて、ある程度分かるようになった今になって、やっと正しい変化の仕方を明かしたのだ。インド人はこんな複雑な言葉を喋っているのか。

私はその時、自分が足を突っ込んでいたのは、とんでもない底無し沼だったのだということに、やっと気が付いたのだった。

やっぱりこれはインドの言葉だ。一つ扉を開ければ又次が現れて、知らない間に捕まって深みにはまっていく。インドは言葉さえ一筋縄ではいかないようだ。

近所の宿に泊まっているイギリス人のスティーブは、インドでシルクを仕入れて売るという仕事をしているのだが、実は彼はシルクについてはトンと知識がないのだそうだ。それでもそれを悟られてはいけないので、得意のヒンディー語で何とか誤魔化《ごまか》そうとしたらしい。

「ところがね、インドは少し移動しただけで言葉が変わるだろう。ヒンディー語はいくら公用語とはいっても、その土地の言葉と混じり合っているから、別の場所に行ったらもう全然違うんだよ。インド人にとっては方言みたいなものだから問題はないようだけどね。ツーリストには無理だ」

などと、お先真っ暗になりそうなことを言う。ラジューはラジューで、インド人でも正しいヒンディー語を喋れる人は少ない、なんて言うし。

しかも、その後も習い続けていくうちに更に嫌な予感がしてきた。やたらと例外が多いのだ。いや、これは私がまだよく文法を飲み込んでいないせいでそう思うだけの、ただの勘違いかもしれないが、どうもヒンディー語には、ま、いーんでないの、こんなモンで、という程度の、大まかな法則しかないような気がする。いや、やっぱりそんなことはあるまい、と打ち消してはみても、何と言ってもここはインドだ。やっぱり有り得るかもしれない……。

あるときガンガーを見ながら日本人の男の子と話していると、彼が「この河のげりゅうは、どうなってるんでしょうね」と言う。

「げりゅう？　あんた、それはかりゅうじゃないの」

「ああ、そうか」

私の使っているヒンディー語も多分この程度のものなのだろう。すごく変。でも分かる。しかし要は分かれば良いのだ。ノープロブレム。私はこのアホの大学生のおかげで、少し勇気が湧いてきたのだった。

ともあれ私のヒンディー語は着実に上達していった。

私がヒンディー語を習っているという事を知った顔見知りの人達は、皆、私に易しいヒンディー語で話し掛けてきてくれた。お洒落でダンディなブッチャンは、私がヒンディー語で何か言うと、身体の動きをピタリと止めて全身を耳にして何とか聞き取ろうとしてくれた。見ているだけでも楽しい美男子のバブーは、私の反応を見ながらゆっくりゆっくり話してくれた。優しいなぁ。

日本語の単語をいくつか知っている元気者のラビーは、私が何か間違ったら、ヒンディー語と日本語をミックスして「わからナヒーン！」と、馬がいななくように叫んで私を笑わせるのだった。

だからこの時、私（マェ）は一人でヒンディー語を学んでいたのではない。彼等と一緒、私は私達（ハム）だったのだ。

何か分からない事があって誰かに尋ねると、返ってくる答えはバラバラだった。仕方ない、インドなのだ。細かい事は気にせず、通じれば良しとしよう。

「今日はヒンディー語の授業はもう終わったのか？」

「ハァ」

そう答えるとき、私は自分が少しだけインド人になった気がして嬉しいのだった。

＊ラジューの連絡先
raju388@rediffmail・com

一人旅でも一人じゃない

ある時出会ったツーリストに一日の食費はいくらくらい、と訊かれて二十〜三十ルピーと答えたところ、えらくびっくりされた。普通は大体その十倍の二百〜三百ルピー位使っているらしいのだ。これには私の方が驚いた。節約はしているつもりだったけど、そんなに節約していたのか。私は普通ツーリスト向けのレストランには余り行かず、地元の人相手の安食堂で食べる。身土不二《しんどふじ》である。人間はその土地に生える植物のようなものだと私は思っている。だから植物が、根を下ろした場所で自分の周りにある養分を吸い上げて成長するように、その土地にその時期にできる恵みを食べていれば間違いはない。第一、その土地で食べられているものが一番おいしいいし、しかも安くて出てくるのも早い。

ネパールのポカラで通っていた食堂は、おかみさんのサルミラの作る定食が最高においしくて、私は毎日通っていても毎日夕食が待ち遠しかったものだ。そこは多少割高なのだが、それでもお代わりし放題で七十円程度なのだ。

それに私は水も現地のものを飲む。十六年前インドに来た時、最初から長居するつもりだったのでガンガン水を飲んでガンガンお腹を壊し、身体を慣らした。その時できた抗体はどうも一生もののようで、その後はお腹を壊したことは一度もない。我ながらお得な選択だった。

バラナシだけで五ケ月も滞在していたというキダさんは、インド人と同じように腰巻きを巻き、裸の上半身には腰巻きと同じような布をペラッとスカーフのように引っ掛けて、半分インド人化していた。この人は帰国したら日本で社会復帰できるんだろうか、と他人事ながら心配になるようなハマリ方だった。

大抵の長期滞在者の共通の悩みはどうやって社会復帰するかということで、その問題に直面するのが嫌で、又ずるずると滞在を引き伸ばしたりしている。

「インドに来たばかりのときは、こういうインド擦れしたツーリスト見たら、ああはなりたくないって思ってたんですけどね。今自分がやってる。あはは」

と言って笑っていた。

だんだん服装にさえ構わなくなってくる。ノープロブレムである。カッコ良く決めるよりも楽な方がいいのだ。

そのキダさんが明日には帰国するという日、最後の晩餐《ばんさん》にお付き合いすることになった。そして定食屋に入ると、彼は「今日は最後だからノンベジ定食にしよう」と、嬉しそうに注文した。

ノンベジというのは、ベジ（野菜の定食）より五ルピー（十四円くらい）高くて、一品余計に肉料理の小皿が付いてくるのだ。彼はいつもこの店の一番安いベジ定食を食べて節約していて、最後の夜は奮発してノンベジを食べてやろう、と、ずーっと思っていたのだろう。

ノンベジ定食が運ばれてくると、彼は長年の夢が叶ったとでもいうように大喜びでおいしそうに食べ始めた。片膝立て片肘付いてスプーンを使わず手で上手に食べる様は、まさにインド人そのもの。この人の滞在の長さを窺わせる。

いつも見ていておかしいのだが、インド人は水差しや他人の水筒から水を飲むとき上を向いてガバと大口を開け、決して口をつけずに飲む。自分のグラスがあるときは普通に飲むが、カーストの関係なのか何なのか、彼等にとっては他人の口は汚いらしいのだ。

だから私達ツーリストが他の人の皿の物をつまんだりしているのを見ると、何て汚い、という目で見る。そしてキダさんは、この離し飲みの技も習得していた。

何度かお代わりしてお皿の物を全て平らげ、あー、これでもう思い残すことは何もない、と彼の顔に満面の笑みが広がった。

と、次の瞬間、何が起こったのか、うっ、と呻《うめ》いて宙を見据え、彼の身体が固まってしまった。突然とんでもないミスを犯したことに気付いたようだ。

そして茫然《ぼうぜん》とした様子で、

「しまった。今日は最後の夜だからスペシャルにするべきだった……」

と言ったのだった。

スペシャルと言うのはノンベジより更に五ルピー高くて、また一品余計に料理がくる。

彼は最後の日には贅沢してノンベジを食べるぞと思いながら、ずーっと一番安いベジばかり食べていて、そのノンベジの上に更にスペシャルがあるということまでは考えが及ばなかったのだ。たがか五ルピー。されど五ルピー。こうして贅沢なはずの彼の最後の晩餐は、余計なことに気付いてしまったおかげで惨めなものとなってしまった。

しかし長期滞在者の金銭感覚なんてこんなものだ。多分、彼の一日の食費も私とどっこいだっただろう。

旅をすることの楽しみの一つは、面白いツーリストと出会えることだ。普段日本にいて、周りには幾ら沢山の人がいても知らない人との出会いは滅多になく、私達は限られた交友範囲の中で生活している。

だけど旅に出ると、毎日新鮮な出会いがある。普段は接することのないよその国の人達や、日本にいても、絶対に知り合う機会はないような日本人とも出会うことができるのだ。

だからインドはインドに来ないと出会えないが、又インドでしか出会えない日本人や、よその国の人というのがいるのだ。インドなんか大嫌いとか言いながらも長期滞在している人なんかは結構いて、それはそういう出会いが楽しいからだろう。だからホームシックにかかっている暇なんかはない。

それにツーリスト達は大抵暇潰し用に本を持ってきていて、読んでしまった本は他の人に回したり宿に置いていったりする。そういう本を集めた大きな古本屋がカトマンドゥなんかには何軒かあるから日本語の本に困ることもないし、日本のお米を使った日本食レストランもある。

だから長い間旅していても、私はホームシックにかかったことは一度もなかった。

しばらくは素晴らしい出会いを楽しんでいた。ネパールからインドに来る時、同じバスに乗り合わせたスペイン人カップル（名前は忘れてしまった）とアメリカ人カップル、ライアンとカーメンと一緒に過ごしていた。

スペイン人カップルは二人とも口が不自由だった。しかし彼等は表情と身振り手振りで自分たちを表現し、ハンデを全然感じさせない明るさで、実に積極的に周りの人と関わろうとしていた。普通に口がきけてもインドの旅は大変なのに、彼等は一体どうやって渡り歩いているんだろう。いや、もしかしたらインド人はこんな弱い立場の人には特に優しいのかもしれない。もしかしたら私より何倍も楽しい旅をしているのかもしれない。

彼等二人はいつも幸せでたまらないというふうに笑っていて、周りの人達をも彼等の幸せの中に巻き込むだけの力強さがあった。すごいなぁ、この人達。どうしたらこんなに強くなれるんだろう。

彼等は自分達の障害にこれっぽっちも捕われていなかったので、彼等は障害者ではなかった。彼等が口が不自由だということを知ったとき、私は一瞬、コミュニケーション不可能、と思って引いてしまったのだが、アメリカ人カップル、ライアンとカーメンはまったく気にせず、すぐに彼等と同じように表情と身振り手振りに切り替えて何とか話をしようとした。すごいなぁ、この人達も。彼等は全然態度を変えようとしないのだった。

この人は違う、どうせ話をしても通じない、と思ってしまうことが多分差別への第一歩なのだろう。

人にもよるのだろうが、そこへいくとアメリカ人は友好的な人が多いような気がする。アメリカには沢山の人種が住んでいるから、違うように思われる人に対する垣根が低いのだろうか。

彼等はインドに着いてもすぐに宿の人達と仲良くなり、トランプをしたりして遊んでいた。ツーリストの中には、インドに来ていてもインド人に対する偏見を持っている人が結構多いのだが、彼等にはそんなものは微塵《みじん》もないようだった。まだ学生だと言っていたが、若くても凄い人は凄いんだなぁ。

彼等四人のおかげで、私の何度目かのインドの生活は順調に楽しく過ぎていった。

しかし彼等が去った後、私は生まれて初めてホームシックというものにかかってしまった。もう日本を出て一年近くたっているし、誕生日とお正月を一人ぽっちで過ごしたのがこたえたのだ。考えたら、この大切な二大行事を一人きりで過ごしたのは初めてのことかもしれない。こんな大切な日に寂しい想いをしてはいけないのだ。

こういうとき必要なのは、親しい人と意味もないお喋りをすることだ。誰かとの繋《つな》がりを感じることが必要なのだ。そして、これればかりはインド人では駄目なのだ。

日本にいる家族や友達と話がしたいと思っても、電話は高くつくし手紙は時間がかかり過ぎる。インドから我家に手紙を出した場合、お母さんの話だと、早い時は六日、遅い時は二十日かかって着いているそうだから、インドで手紙を出してその返事を受け取るのは大変難しい。

往復共に早ければ十二日、遅ければ四十日かかるわけだから、ここに返事頂戴《ちょうだい》ね、という手紙を出した時点で、十二日~四十日後に自分がどこにいるか確実に分かっていないと受け取れない。受取先は自分の泊まる予定にしている宿か、宿が決まっていなければ、その町の郵便局止めにしておけばよい。しかしその町に自分がいる間に手紙が着かなければ幾ら住所が分かっていても受け取れないから、この頃この町にいる予定だから返事頂戴ね、と手紙を出しても、急に行き先を変えたり、予定より早く出発することになった時は手紙は受け取れないのだ。

だからEメールというものの存在を知ったとき、安い料金で瞬時にやり取りができるならこれはいいと思ったのだが、どうやったらそれができるのかさっぱり分からない。

私は機械オンチで、実はビデオの使い方もよく分からない。友達の車に乗せてもらえばドアの開け方も分からない。だから日本を出るときにはEメールという言葉が何を意味するのかさえ知らなかった。

「コンピューターをインターネットっていうのに接続してね、こっちから手紙を送れば、その瞬間に着くんだよ」

へー。世の中はいつの間にそんなに進歩していたのだ。それ便利だなぁ。

私はネパールの山奥で日本から来る友人と待ち合わせをしていたので、時々連絡を取り合う必要もあったのだ。いいなぁ、それやりたいなぁ。

そんな時、ネパールのポカラで泊まった宿の従業員のビノッドが、「僕が教えてあげるよ」と言ってくれた。

「え。ほんと。ホームページ作ってくれるの」

その頃はまだホームページとEメールアドレスの違いも知らなかった。

「うん。夕方少し時間が空くから、僕の知り合いのネット屋に行こう」

そして約束通りネット屋に連れて行ってもらい、私は初めてコンピューターなるものを触ったのだった。私の国や名前を入力すると、画面は自動的に日本語の表示になった。うーむ。凄い。しかし画面の表示に従って情報を入力していくのだが、私は字は読めるがやり方が分からない。ビノッドはやり方は知っているが字が読めない。ネット屋のおじさんも手伝ってくれて、他の静かにメールしている客には騒いで迷惑掛けて、三人で苦労して、しかもスッタモンダしたおかげで電話代よりも高く付き、それでもめでたく私はついにEメールアドレスを持つことができたのだった。やった。少々お金がかかったけど仕方ない。初診料のようなものだろう。

早速メールを送ってみる。

暫くは、着いたかな、着いたかな、とそわそわしながら待っていたが、四国のカンちゃんから「着いたよ！」って返事第一号が入った時は嬉しかったなぁ。

そしてそれ以来、メールは私の楽しみの一つになったのだ。

インドでもネパールでもツーリストの来るところならどこにでもネット屋がある。驚いたことにネパールの山奥にもあった。

大抵は五〜十台くらいのコンピューターを並べたこじんまりした店で、店番のお兄さんたちもゲームなんかして暇を潰しながらのんびりとやっている。だから分からないことはお兄さんに訊けば、手取り足取り親切に教えてくれた。

「ねえ、返事を出すのはどうしたらいいのかな？」

「返信にポインターをもってきてクリックしたらいいよ」

「ポインターって何？」

「この矢印だよ。マウスをこうやって動かすんだ」

「クリックって何？」

「ここを押すんだよ」

「大文字を打ちたいときは？」

「シフトを押すんだよ。あるいはこのキャピトルっていうのでもいいよ」

全く訳が分からなかった操作もお兄さん達のお陰で、それでも少しづつ上達していった。

後から考えたらつくづく私は恵まれていた。あちこちの店に行ったが、気の良いお兄さんなら付きっきりで教えてくれたから、まるで授業料無料のコンピューター学校に通っていたようなものだ。隣の席に日本人が座ったときは日本語のやり方を教えてもらえるし、本当に助かった。

日本だとこうはいかない。帰国して日本でもネット屋にたまに行っているが、こちらでは殆どが個室になっていて隣の人に話し掛けたりはできない。個室ではないオープンの席でも、間に衝《つい》立《たて》があって隣とは仕切られているし、第一気軽に話し掛けられるような雰囲気ではない。

個室はまた日本だから狭くて、部屋に入る時はカニさん歩きで横を向き、ちょっと椅子をずらしただけでドンと壁に当ってしまう。狭いくせに中には、電気スタンド、ハンガー、電話、スリッパ、使用説明書、ペンとメモ帳など設備も備品も完璧に揃っていて、しかもコンピューターは信じられない位に速い。日本はスピード命なのだ。店の中には飲みもののサービスまであって至れり尽くせりだし、まさに日本そのものだ。

しかし個室だから分からないときは一々電話で係の人を呼び出さないといけないし、気軽に訊ける雰囲気ではない。呼び出しても日本では皆忙しく働いているから、付きっきりで教えてもらうなんていうことは、とてもできない。

店の中にはお客さんが沢山いるのに誰にも訊く人がいない。一人一人が孤立していて、人間同士の連帯を失った無味乾燥な空間である。皆、誰にも邪魔されずに自分だけの世界に浸りたいんだろう。

その上、全て機械で管理しているから、使用時間が一秒過ぎても容赦なく追加料金が加算される。全く人間性のかけらもない。

日本では、こんなふうに外に出掛けて店に入ってメールをして帰ってきても、その間交わす言葉は、店の人との「どの席にしますか」「××円です」などの事務的なやり取りだけ。相手も私も人間のはずなのに、機械のような会話以上に発展することはない。

インドのコンピューターはさすがに遅くて、時間帯にもよるのだが、遅いときは画面を変えるだけで三十分もかかることがある。信じられないのろさなのだ。良心的なお店だったら、「今は遅いから、もう少し後で来たほうがいいよ」とアドバイスしてくれるが、遅ければ遅いでそれも又良い。

暇を持て余している隣の人に色々教えてもらえるし、その無駄な時間を有効に使って、周りの人と楽しく無駄話ができる。ここには話し掛けても嫌な顔をする人は誰もいない。すぐに血の通った人間同士の会話が始まるのだ。

それにたとえ画面を変えるのに三十分かかったとしても、それが何だというのだ。

一昔前、長期滞在者の多いカトマンドゥなんかでは、中央郵便局の手紙受取コーナーはいつもツーリストでごったがえしていたものだ。アルファベット別に区分けされた箱の中の、どっさりある手紙の中から自分宛の手紙を捜すのは、それは楽しいものだった。それが今では手紙受取コーナーは隅っこへと追いやられ、机の上に並べてあった大きな箱は小さな棚に代わり、その棚にさえパラパラッとほんの少しの手紙があるだけ。私が行ったときには手紙を受け取りに来たツーリストは一人もいず、部屋の電気さえ消してあった。今は皆メールでやり取りするのだ。もう手紙なんて時代後れの代物《しろもの》なのだろう。

一分でも一秒でも速くと自然のリズムから切り離されて、世界はスピードの中へ突進している。世の中の回転が速くなると人間の呼吸が速くなる。速い呼吸は私達をイライラさせたり不安にさせたりするのに。

私のヒンディー語の先生のラジューは進んだ人で、彼はコンピューターも得意だった。

「さて、又メールでもしにいってこようかな。でも私遅いのよね。hhh…うーんと、あ、あった、あった。eee…eと。あこれこれ、ddd…あれ、どこ、dは、みたいな感じだから時間かかるのよねー」

と、笑わせるつもりで言ったら、ラジューは真面目な顔をしてこう答えた。

「そうか。そんなに遅いのか。それは時間がかかるだろう。僕が代わりに打ってあげようか」

「え。いやあよ。恋人にラブレター送ってるのに」

私だって見栄を張りたい。

するとラジューは全く思いがけない提案をしたのだ。

「タイプの学校に通ってみてはどうだ」

「は？　タイプ？　タイプって？」

「タイプライターだよ。僕もタイプの学校で覚えたんだ。タイプもキーボードもアルファベットの並んでいる位置は同じなんだよ。十本指で打てるようになれば速いよ」

タイプライター？　思い付きもしなかった。第一、キーボードを十本の指で打つなんて神業《かみわざ》みたいな芸当はとても自分にはできない、と最初から覚える気さえなかったのだ。

「でも難しいでしょう。私には無理じゃないかなぁ」

「そんなことはないよ。簡単だ。ちゃんとテキストがあるから、その通りに進めば一ケ月もあればできるようになるよ。ノープロブレム」

へぇ。ほんとかなぁ。そんなんできるようになったらいいなぁ。行ってみようかなぁ。と言うと話はすぐにまとまり、私達はその足でタイプライター学校の門を叩いたのだった。テキスト代込みで一ケ月の月謝が三百円弱。何てお得。

ラジューがタイプ用の紙も用意してくれて、次の日から私は一日一時間毎日タイプの学校に通い始めた。気分はすっかり学生だった。

しかしさすがインド。タイプライターはえらく旧式のオンボロで、aを打つと隣のsまでくっついて一緒に跳ね上がってきてしまう。だから私はその度に一々絡《から》まったのを外さなければならず、そういうのが何ケ所かあったから、少し打っては中断し、又打っては中断しで全然先に進まないのだ。笑ってしまう。

その上、分からない時先生に何か質問しようにも、先生は昼寝でもしているのか姿が見えないことの方が多いのだ。しかし隣に座っているのはいつも同じ男の子なので、そのうち仲良くなり、先輩の彼が色々面倒を見てくれた。インド人は親切なのだ。

学校帰りには馴染みのお茶屋に寄って「ほら、今日はここまで進んだよ」と、自分が打った文字を見せて自慢するのが日課になった。するとお茶屋のおっちゃんは、「ほーほー凄いじゃないか。人間幾つになっても何かを学ぶというのは大事なことだよ」と誉めてくれた。

テキストは素晴らしくて、ほんの三十ページくらいのものだが、本の通りに進んでいけばどんなバカでもマスターできる仕組みになっていた。日本に帰って、今度は日本語入力を覚えようとキーボード用のテキストを捜して何軒か本屋を廻ったけど、あんなに良いテキストは見つからなかった。だから私はインドの本を参考にして自分でテキストを作ったくらいだ。

私は毎日タイプの学校に通った。そして通い始めて一ケ月後、私は本当にラジューの言うように、キーボードを見ないでも打てるブラインドタッチができるようになっていたのだ。

さらに暫くして場所を移し、またポカラに戻った時には、知り合いのネット屋の主人のインドラが余っているキーボードを貸してくれたので、私は宿の自分の部屋で心ゆくまで練習することができた。

こうして私は旅行中にコンピューターの技術を身につけたのだった。と言ってもメールくらい誰でもできるか、今時。しかし私にとっては奇跡に近いことなのだ。

それ以来、ネット屋でたまに一本とか二本の指で打ってる人を見かけると、私は密かに優越感に浸ってしまう。私は十本だぞ。うしし、我ながらカッコいい！

インドに来てコンピューターを覚えて帰るっていうのも、とってもインド。


日本を出て一年近くもたつのに捜しているものは見つからない。時間ばかりが過ぎていく。こんなことしてていいんだろうか。一体私は何をやっているんだろう。

そんな思いにかられた時のアメリカ人の友人、マイケルからのメールは有難かった。

「心の声に従え」

カンちゃん、トモコさん。いつもメールありがとね。

メールを通じて、私はいつもインドから遠く離れた場所にいる友人たちと話をすることができ、そのメールを開く度に、また旅を続ける元気をもらった。持つべきものは友達である。

しかし手紙はメールより断然嬉しい。

ここに返事出してね、と手紙を送っても返事は受け取れるかどうか分からない。だからそういう時、宿の主人から、「日本から手紙がきてるよ」と言われた時の嬉しさは格別である。期待していなかっただけに又嬉しさもひとしおで、正に待ち焦がれていた恋人からのラブレターを受け取ったときのような気持ちになる。

急いで封を切る。手紙を広げる。文字が飛び込んでくる。そして私は暖かい優しいものに包まれる。

手紙を読んでいるときだけはふわりと心が日本にワープし、自分が今インドにいるということを忘れる。

手紙にはその人の書いた文字があり、その文字の中にはその人の心も一緒に封じ込められているのだ。そして封を開けた瞬間その心は解き放たれ、私をその人の元に連れ戻してくれる。

お母さん、よったん、高良夫婦、いつも手紙ありがとね。


正月の三日、私は仲良くなった日本人カップルに食事に招待されて部屋に遊びに行ったのだが、彼等は小さい日本のお正月を用意して待ってくれていた。

お琴の音楽が流れ、テーブルの上には、おもちまで入ったお雑煮が用意されていた。

彼等は音楽を習うためにインドに長期滞在しているので、日本からいろんな食材を持って来ていて毎日自炊しているのだ。

メールを読み、手紙を受取り、お雑煮を御馳走になって日本語で話をすると、それまでのホームシックは少しづつ消えていった。

やっぱり人間は一人じゃ生きていけないんだなぁ。こうして沢山の人に支えられているから、一人旅なんていうのもできるのだ。一人旅でも一人じゃない。

しみじみと「人」という文字の意味を感じるのだった。

宿にはご用心

ここの宿は結構気に入っていた。新築なので全てが新しくて気持ちが良かった。床はピカピカで壁は真っ白。窓からは手入れの行き届いた花の溢れる庭が見えた。トイレも広いしシャワーもたっぷり水が出る。ベッドには真っ白いシーツがかかっていたし、蚊帳《かや》もあった。

私は蚊帳が好きだ。この薄い布の中に入ると部屋がぼんやり霞《かす》んで見えて、なんだか幽玄の世界に入ったようだし、柔らかい布の中に一人で居ると、ふんわり暖かい気持ちになって安心するのだ。

宿のお兄さんも穏やかで誠実そうな人で、夕方になるといつもフロントのカウンターの中で神様にお祈りを捧げ、目が合うとにっこり笑ってハローと声を掛けてくれた。彼はいつも物静かにフロントに座り、柔らかい微笑みを浮かべてる人だった。

ここでの私の生活は快適に過ぎていった。


私はたまに自転車を借りてサイクリングに出掛けた。程好《ほどよ》い大きさの緑に囲まれたこの町は、自転車で風を切って走るのが気持ち良い。そして汗を流した帰り道には、いつもラッシー（ヨーグルトジュース）屋でバナナラッシーを飲むのが楽しみだった。

ある日いつものラッシー屋に行くといつもと違う人が店番をしていて、お金を払うと彼は十五ルピーだと言う。

「は？　バナナラッシーは十ルピーのはずじゃない？　いつも十ルピーしか払ってないよ。今日はどうして十五ルピー？」

と言うと、その主人は平気な顔で、

「もう季節が変わったからな。今はバナナの時期じゃないから値上げしたんだ」

と言うのだ。

だってそんなこと言うけど、町の果物屋さんは今が旬とばかりバナナで溢れてるじゃないの。目の前にある果物屋だって、これでもかっていうくらいのバナナの山。

毎度のことながら、インド人というのは一体どうしてこんな見え透《す》いた嘘をついて平然としていられるんだろう。彼等はこんな嘘がまさかバレないと思っているんだろうか。いつも不思議でたまらない。きっと何も考えてないいんだろうなぁ。

私は五十ルピー札を渡してお釣りを待っていたのだが、例によってお釣りがなく、従業員がその辺に両替に行っていた。そして両替から帰ってきた従業員は、私達のやりとりを聞くとキッと主人を睨《にら》みつけて私に四十ルピーのお釣りを渡したのだ。

ほら、やっぱり十ルピーだったんじゃないの。

しかし主人はそれでも全然動じず、ぬけぬけと「今日は特別に負けとこう」とうそぶいたのだが。

インドでは嘘をついてもいいし、その嘘がばれたって何ということはないらしい。勿論《もちろん》、この従業員の様に正義感の強い人の方が殆どだと思うけど、涼しい顔してミエミエの嘘をつく、その神経が分からない。余りに見え透いていて、たまにこっちは冗談を言ってるのかと思ってしまう。

蛇足《だそく》だが、この従業員のお兄さんは主人に逆らったりして店を首になったりしていないかなぁ、と心配していたのだが、数日後に又行ってみると、何の問題もなかったように彼はいつも通りそこにいた。そして主人は全然悪びれずに「今日もバナナラッシーかい。十ルピーでいいよ」と言うのだった。

全くやってられません。

そんなある日、部屋で寝ていると朝早くノックで起こされた。ドアを開けると、あの誠実そうなお兄さんが立っている。

「グッドモーニング。悪いけどね、隣の部屋にいるフランス人の女の人が病気でひどく悪いんだ。それはもう本当に悪くて、起き上がることもできないで一日中寝ているんだけど、あの部屋は少しうるさいんだ。良かったら替わってくれないか」

まだねぼけ頭の私はよく事情が飲み込めず、後で返事する、と言って又寝直したのだった。

しかし頭がハッキリしてよく考えてみればおかしな話じゃないか。私の部屋は静かで快適なのだ。なのにたった一つずれただけの隣の部屋が眠れないほどうるさいわけはない。もしもその又隣の部屋の人がうるさいのなら、その人に静かにするように頼むか、その人のほうを何処かに移すべきなのだ。何で私が病気のお姉さんのためにうるさい部屋に引っ越さなければならないのだ。

私だってうるさいのは嫌だ。他にも部屋は沢山あるのに、どうしてわざわざ私が替わらないといけないのだ。

第一、起きることもできないような重病人が、部屋を引っ越すなんて大仕事をやりたいと言っているのも変な話ではないか。大体どうしてそういう頼み事をするのに、朝早くからまだ寝ている客を叩き起こす必要があるのだ。

私はだんだん腹が立ってきた。冗談じゃない、と思ってこんな割の悪い取引はお断りすることにした。

するとしばらくして、起き上がれないほどひどい病気のお姉さんらしい人の怒鳴り声が響いてきた。

「ちょっと何よ！　昨日は絶対部屋を替えてやるって言ったじゃないの！　私の部屋はね、トイレが詰まってて水の流れが悪いのよ！　こんな部屋、もう一日だっているのはまっぴら御免よ！　昨日は替えてくれるって言ったでしょ！　さあ、さっさと約束通り部屋を替えなさい！　替えてくれなかったらお金は払わないからね！　さあ早く部屋を出せ！　替えろったらさっさと替えろ！　ノールームノーマネー！　ノールームノーマネー！」

物凄いド迫力だった。これだけ大きい声の出せる人のどこが病気なのだ。

成程《なるほど》、そういうわけだったのね。これで大体見当はついた。又してもインド人のバレバレの嘘ね。

このフランス人のお姉さんは昨日、トイレの調子が悪いから部屋を替えてくれ、と頼んだのだ。

替えてくれないんだったら別の宿に移るぞ、とか仄《ほの》めかしたんだろう。出て行かれては困るから、宿のお兄さんは五才の子供の浅知恵で、空き部屋もないのに、明日になったら替えてやる、ノープロブレム、と取り敢えず安請け合いしたのだ。しかし約束したものの部屋はない。それであの日本人だったら人が良さそうだから病人の為だったら同情してくれるだろう、と踏んで芝居を打ったのだ。ところがそうは問屋が卸《おろ》さなかった。

インド人の考えそうなことだ。

多分あの部屋は元々トイレの調子が悪くて、いつも文句を言われているけど、その時々で其の場で思いついた対処をしていたのだろう。今回部屋を替えろと言われてお姉さんを病人に仕立てることを思い付いたときも、これは名案だ！　と手を打ったに違いないのだ。

フランス人のお姉さんだって、何も自分が快適に過ごしたいために隣の部屋の私をだまして追い出そうと企《たくら》んだわけではないはずだ。これ、全てお兄さんの浅はかな嘘。それで困ったことになったとしても自業自得なのだ。ふん。あの誠実そのものといった真面目そうなお兄さんがこんなチャチな芝居を打つとはね。

尤《もっと》も彼にしてみれば、一応彼なりに誠実にお姉さんの望みを叶えようと努力したつもりではあるのだろうが。

フランス人のお姉さんはまだ怒鳴りまくっていた。

「ちょっと！　一体どうしてくれるのよ！　昨日は確かに替えてくれるって約束したはずよ。満室だなんて、そんなの私の知ったことじゃないわよ。替えてくれなかったら絶対お金は払わないからね！　ノールームノーマネー！　ノールームノーマネー！」

　それにしても彼女のわがままもここに極まれり、というか、いくら部屋を出せと叫んでも、ないものはないのだ。仕方無いじゃないの。打出《うちで》の小槌《こづち》があるわけじゃなし、ノールームノーマネー、ノールームノーマネー、と、いくらヒステリックにわめき散らしても、新しい部屋がパッと魔法のように出て来るわけではないのだ。さっさと諦《あきら》めるなり他に移るなりしたらいいではないか。あんなに怒鳴ってみっともないねぇ。全く彼女も大人気ないよ。

　人のふり見てわがふり直せ。あんなふうに怒鳴り散らしてみっともない姿を晒《さら》したりするのは止めよう、と私は宿の人にもお姉さんにも冷ややかな視線を向けたのだった。


　ところで次の日、私は宿を替わることにした。別にここの宿のお兄さんに愛想が尽きたわけではないし、フランス人のお姉さんに同情したためでもない。他にもっと良い宿を見つけたのだ。いつも行っていたレストランに部屋もあることを知り、昨日部屋を見せてもらったら一目見て気に入ったのだ。

　新しく見つけたそこは窓からの眺めが素晴らしかったので、私は昨日のうちに、明日の朝この部屋に来るから取っといてね、と、もう予約をしておいた。

　私が部屋を空けた後、そのフランス人のお姉さんは喜んで私の部屋に移って来た。宿の人は、彼女のご機嫌は直ったが客を一人失ったので複雑な心境だったに違いない。

　私も又、喜んで荷物をまとめて新しい宿に移った。同じ町でも宿が替わると又気分が変わる。

たまにはこういうのも良い。

「お早う。移ってきたよ」

「ああ、お早う。じゃこの宿帳に記入して。えーと、部屋はそこね」

と案内された部屋は、しかし私が昨日予約していた部屋ではない。

「ちょっと、どういうこと。私が予約したのは表向きの眺めのいい部屋のはずだけど。ここからは汚い工事中の庭しか見えないじゃない」

「あの部屋は昨日の夜遅く人が入ったんだ。でも彼は今日の夕方には出ていく。だから、それまでこの部屋で待っててくれ」

なんと不覚！　一本取られたか！

私はもう前の宿をチェックアウトして荷物全部抱えてきているから、部屋が違うからといって又戻る気にはならない。このマネージャーはそれを見越してこういうことをやるのだ。やられたか。この勝負私の負けである。朝、荷物を抱えてくる前にもう一度チェックするべきだったのだ。

しかし、どうしてこういうところで一々勝負しないといけないのだ。私はちゃんと昨日の夜、ここの部屋お願いね、と予約を入れてあるのだ。しかし、予約をすれば部屋には必ず入れるものである、という日本の常識はここでは通じない。私はたまに油断して、自分が今いるのがインドだということを忘れてしまうのだ。

腹が立ったので椅子を蹴って、なら他に行く！　と出て行こうかと思ったが、やっぱりそれも面倒臭い。

「ちょっと夕方って、本当に夕方出ていくの？　嘘じゃないよね」

「いや、本当だ。絶対に本当だよ」

「夕方って何時よ」

「ええと、確か六時って言ってたな」

「六時？　本当に六時ね。それが嘘だったら怒るからね」

「い、いや、一応七時にしとこう。彼は六時って言ってたけど、念のため」

「なんか嘘っぽいなぁ。本当に七時？　口から出任せじゃないの？」

「いや、ほんと、七時」

「絶対確かね」

「絶対確か」

「ほんとにほんとね」

「ほんとにほんと」

くどいほど念を押して、私は彼の案内した部屋に不本意ながら落ち着いた。全く何のためにわざわざ引っ越してきたと思ってるのだ。綺麗な景色が見えないんだったら、部屋自体は前の宿の方がよっぽど清潔だった。面倒臭い思いをして移って来た意味がないのだ。

私は部屋に入ったらまず掃除をしてサッパリするのだが、夕方までの仮の部屋を掃除する気にはなれず、かと言って掃除をしないままでは落ち着かない。荷物を解く気にもなれずに、どうにもくつろげないままに部屋の中をうろうろするのだった。

しかしこういう時一人でいると、ろくなことはない。それからそれへと考えは悪い方に走り、頭の中で妄想ばかりが膨《ふく》らんでいく。

マネージャーのゴピジーはああは言ったけど、どうもあの男は信用ならん。本当に今夜部屋を移られるんだろうか。いや、其の場凌《しの》ぎのインド人のことだ。あんなの口から出任せに決まってる。

荷物担いで宿までやって来たからには、たとえ違う部屋でも入るだろう。そしてその目論見《もくろみ》は的中した。後はのらくらして夜まで時間稼ぎをするだけだ。そうすれば夜遅くなって出て行くわけはない、もう諦めてここに泊まるに決まってる。一泊させてしまえばこっちのものだ。どうせあの客は三日しかいないのだから、明日になってから他へ移るなんていうことはないだろう。どの部屋でも入れたが勝ちだ。

ゴピジーはこう考えてるに決まってる。七時になったら移られるのなんか嘘だ。本当はうまいこと騙して、私をこの部屋に泊まらせようと思ってるに違いない。

そう思うと腹が立ち、端《はた》からは部屋の中で一人もの思いに耽《ふけ》っているように見えたかもしれないが、実は着々と戦闘開始の準備を始めていたのだ。私は最悪の場合ばかりを想定し、その時は何と文句を言ってやろうかと考えていた。

そして私は頭の中で、あのフランス人女性と同じ台詞《せりふ》を叫んでいたのだった。

「ノールームノーマネー！　ノールームノーマネー！」

この宿にはレストランが併設されていたから私はそこで遅めに夕食を取り、部屋が空くのを待った。

しかし約束の時間をとうに過ぎ八時になったのに、ゴピジーは私との約束なんか頭の隅にもないようで、まったく何も言ってくる様子がない。やっぱり。

私はゴピジーに近付き、

「ちょっと！　ゴピジー！」

と叫んだ。戦闘開始である。さぁ、今日一日中、頭の中で駆け巡っていた文句の言葉を今こそ浴びせかけてやるぞ。

「私の部屋はどうなってるの！　もう八時じゃない！　七時には空くって言ったよね！」

もしかしたら私の目は釣り上がり、鬼のような顔をしていたかもしれない。ゴピジーは、私が怒ることなんか予想もしていなかったかのように驚いてタジタジとなった。

「いや、もう空く。ほんとだよ。今この部屋の人は、どこか食事にでも行ってるんだ。もう帰ってくる。ノープロブレム」

「嘘ばっかり。確かに七時って言ったじゃないの！　元々あの部屋には今朝入るはずだったのに、何時間待たせるつもりよ！」

「いや、もう帰ってくる。ほんとだ。後《あと》五分もすれば、きっと帰ってくるよ」

ゴピジーはどうやってこの客をなだめようかとしどろもどろだ。彼にしてみれば、たかだか約束の時間が一時間遅れたくらいで、どうして私がこんなに怒っているのか理解できないのだろう。

「後五分？　何でそんなこと分かる。客がどこに行ったのかも知らないくせに、口から出任せ言わないでよ。え、あんたは七時って言ったはずよね！」

「だからもう帰って来るって。彼はもう出て行くのでパッキングもすませてあるんだ。帰って来たらすぐに移られるよ」

もう私はすっかり興奮しているので、ゴピジーが何を言っても耳には入らない。しかし押し問答を続けているその時、

「あ、ほら！　彼だ！　あの男だよ！　帰ってきた！」

と、部屋の主が帰ってきたのだ。なんだ、ほんとだったのか。

ゴピジーの言う通り彼はもう荷物をまとめていたので、五分後には、あっさりその部屋は私のものとなった。

しかし部屋は空いたものの、私は益々ゴピジーが信じられなくなっていたので直ちに部屋をチェックした。

「まず、シーツ替えてくれる」

「分かった。替えるから、その間に君は自分の部屋から荷物を持ってきたらいい」

しかし私は本当に替えてくれるかどうか心配なので、ジッと部屋にいてシーツを替えるのを手伝うふりをして見張っているのだった。

次に私は水が出るかどうかをチェックし、全ての電気のスイッチを入れた。

「ねぇ、ここの電気点かないけど」

「いや、点く。この時間帯は点くのに時間がかかるんだ。十分待ってくれ、点くから。ノープロブレム」

「ほんと？　電球切れてるんじゃない？」

「いや、点く。本当に点く」

「いーや、信じられん。電球替えてくれる」

「電球は問題ないって。ちゃんと点くよ」

「替えてったら替えて」

すると彼がしぶしぶ電球を取りに行って戻って来るのを待ってる間、その電気は突然点いたのだ。なんだ、ほんとだったのか。

「ほら、見ろ。だから言っただろう」

やれやれ、我ながら嫌な客になってしまった。こんな女に誰がした。

ずっと遡《さかのぼ》って考えてみても、やっぱり原因は最初に約束を破ったゴピジーなのだ。一度失った信用は取り返せない。そうだ、そうだ、アイツが悪い。

しかし予定よりかなり遅れたとはいえ、結局私は自分の望みの部屋を手に入れたのだし、何も心配することはなかったのだ。

だけど、もし入れなかったらどうしよう、と悪い事ばかり考えて一日中怒っていたので、すっかり疲れてしまった。

一体私はどうしてあんなに怒っていたんだろう。嵐が過ぎ去って部屋に落ち着いて改めて考えてみると分からなくなってくる。

私は昨日の夜来て予約していたし、だからこの部屋に入る権利があると思っていたので、当然の権利を主張しただけだ。向こうは確かに予約を受けたのだから、それは必ず守るべき約束なのだ。うまいことのらくら言い訳して、うやむやにされるのは許せなかった。なぜなら私には権利があるからだ。そして自分の権利を主張するのは余りにも当然のことではないか。私は窓から綺麗な景色が見えるからこそこの部屋にわざわざ移って来たのだし、そうでなかったら、面倒な思いをして宿を引っ越したりはしなかった。前の所で十分だったのだ。

私は正しい。私には怒るべき正当な理由がある。私には怒る権利があるのだ。そして私は自分の望みの部屋を手に入れた。別にゴピジーに無理難題を吹っ掛けたわけではないし、前の客を追い出したわけでもない。

だけど良く考えたら、別に怒らなくても良かったのかなぁ。本当はそんなもの、どっちでも良かったんじゃないのか。怒る権利って一体何なのだ。

私は確かにこの部屋を望み通り手に入れたけど、そのために今日一日を不愉快な思いをして過ごしたのだ。もし入られればそれに越したことはないが、入られなければ、その時はその時で自分なりに工夫すればいいだけのことではないか。何もこの部屋に固執しなくても、併設されているレストランからはこの部屋から見るのと同じ素晴らしい景色が眺められたから、部屋でくつろぐ代わりにレストランでくつろいでいれば、それで良かったのだ。最初からそう達観していれば、私は今日一日を心安らかに楽しく過ごせたはずなのだ。

しかし私には何が何でもこの部屋に入りたいという欲があって、この部屋にこだわっていた。だから昨日のうちから予約して、この部屋に入る権利を貰っていたのだ。その権利が守られないかもしれないと思った時に私の中に不安が生まれ、その不安は怒りに形を変えてゴピジーに向かって行ったのだ。自分は正しいのだから、その権利を主張するためには怒るべきであると考えていたのだ。

しかし、もしゴピジーが初めから私を騙すつもりで別の部屋に入れたのなら、私がいくら怒ってわめき散らしたところで部屋は出ては来ないのだから、当然の権利を主張したところで無駄ではないか。

権利を主張して一日怒っているのと心安らかに過ごすことは、どっちの方が大切なんだろう。私は絶対に負けてたまるか、と思っていたけど、負けるが勝ち、という言葉はこういうときに使うものじゃないのかなぁ。それは一日楽しく過ごしたほうが良いに決まっている

権利が守られないのは許せない。約束を破られるのは許せない。シーツが汚いのも許せない。私の中には、こんなのは許せない、というものが余りに沢山あって、それが私をがんじがらめに縛っている。しかし、そういう拘《こだわ》りから解放されていくこと、許せないことを許せるようになることで、私達は初めて自由になれるのだ。

だから、これが魔法の言葉。「ノープロブレム」。

細かいことに拘って戦って権利を勝ち取るよりも、与えられたもので満足して喜べれば、そっちの方が絶対いいに決まってる。

ああ、やれやれ、今日は無駄なエネルギーを使ってしまった。怒ったら疲れるんだな。省エネ、省エネ。


食事は毎日併設されているレストランで食べた。

これは出無精《でぶしょう》の私にとって有難いことである。手頃な食堂が近くに無い時は、面倒臭いので食べなくなってしまうのだ。大抵は見かねた周りの人が何か差し入れしてくれて飢えることはないのだが、やはりお金さえ出せば好きな物を食べられる食堂はあった方がいい。

しかしここの従業員は揃いも揃ってのんびりしているのだ。ゴピジーを筆頭にオーナー含め、皆心ここにあらず、という様子でポーッとしていた。何かを注文しても注文する端から忘れてしまう。忘れていることさえ忘れてしまうから始末に悪い。

定食を注文する。一番早くて安いからだ。

「今日は魚の定食ね」

「魚の定食。良し、分かった」

お返事だけはお利口なのだが、その注文を厨房《ちゅうぼう》まで持って行く間に別の客から呼び止められる。

「飲み物頼みたいんだけど。オレンジジュースある？」

「オレンジジュースね。よし、分かった」

この瞬間にこのウエイターの頭の中はオレンジジュースだけで占められてしまい、私の注文はかき消えてしまうのだ。頭の中は五才の子供なのだ。仕方ない。

　そこで私は、彼が私のテーブルから厨房に行くまで真っ直ぐ歩いて行くかどうかを見張っていなければならない。でないと途中どこかに引っ掛かって、そのまま世間話を始めてしまったりするのだ。

　しかし厨房までは無事に辿り着いたものの、注文をする前に何か話し掛けられたか、あるいは何か別の考えに気を取られたか、たまにいつまで待っても料理が出てこないことがある。だから、こちらはきっちり時計を見ていなければならない。定食なのだ。用意してある料理を暖めて皿にのせればいいだけだ。十五分待って出て来なければ、これはもう見込みはない。

「ねぇ、私の料理まだこないのかな？」

「いや来る。もう来るよ。……ところで何を注文したんだっけ？」

　私が注文したことを忘れているどころか、何を注文したかさえ覚えていないのだ。

　こんなにやる気のない連中がどうして職を失わないのか不思議である。これでも彼等は働いているつもりなんだろうか。尤《もっと》も、いくら他の誰かと取り替えたところで大した違いはないのだろうが。

　ここで、食堂に入って注文すれば料理は必ず出てくるものである、という私達の常識は崩れ去るのだ。

　彼等がこの態度を別段改めようとはしないのは、彼等が自分たちの勤務態度に何ら疑問を持っていないからだろう。もしも自分達が物忘れが激しくて客に迷惑を掛けているという事実に気付けば、注文を取った時点でメモを取るはずなのだ。

彼等は自分が待つのは気にならないので、客がイライラしながら待っているということに気が付かないのだろうか。あるいは忘れたら客が催促すればよい、というのがここでの決まりなのだろうか。

しかし客は早く御飯が食べたいし、彼等は何が何でも食べさせたいとは思っていないようだ。つまり、サービスの向上に努めて客を増やそうなどとは思っていないようなのだ。だから何としてもここで御飯が食べたい私達客が、彼等に合わせるしかない。

あるツーリストから聞いた話では、南の方のなんとかという小さい町ではレストランが三軒程あって、料理が出てくるまでに二時間掛かるということだった。

「どこのレストランも全部そうだから、待つしかないのよ」

と彼女は言ったが、それじゃ一日三回食べる人だったら、一日六時間もレストランで食事を待つことに時間を費やしているのだろうか。私にはとても耐えられそうにない。

食事が終わってお金を払うときは、注文を取るときにメモをしないから客の自己申告である。従って客はごまかし放題である。

割高のツーリスト用のレストランにやって来るくらいのお金持ちの客だったら、そういうセコイことはしないとは思うが、人間は色々なのだ。たまにそういう人もいるかもしれない。

しかし彼等はそういうことには考えも及ばないといった様子だった。実際、こういうシステムを取っている食堂はインドでは割と多い。

「はい、あんた食べたものは？　魚の定食ね。飲み物は？　なし。あ、そう」

私は現地の水を飲むが、普通ツーリストは飲まないので飲み物を頼まない人はいない。だから彼等は本当はここで、「え、飲み物なし？　ほんと？」と疑わなければならないのだ。しかし彼等はこれっぽっちも疑わない。

こういうインド人のことだ。客の注文さえ忘れてしまうのだから、客がお金を払うときに、彼等が正しく申告しているかどうか確かめる方法なんかある訳ないし、そもそも確かめたいとも思ってはいないようだ。客の申告が信じられないくらいだったら、最初からメモを取ってきっちり確認するだろう。客が全員、気心の知れた顔馴染みというのなら分かるが、どうしてここで何の疑問も持たないのか不思議に思う。

彼等は今日一日何の料理がどれくらい出たか、それに見合ったお金が引き出しの中に残っているか、なども確認しているとも思えない。第一、何と言ってもメモを取らないのだから、何の料理がどれくらい出たのかさえ分からないはずなのだ。

このへんの丼勘定がどうも分からない。いや、良い言葉で言えば鷹揚《おうよう》ということになるのだろうか。なんたってここはノープロブレムの国、インドなのだ。

しかし彼等が物覚えの悪いただの阿呆かと思ったらそうでもなくて、

「ねぇ、ここに一年前に私の友達が来て泊まったんだけど覚えてる？　名前はビノッドっていうんだけど、宜しくって言ってたよ」

と訊いてみたところ、

「うーん。ビノッドねぇ。ビノッド、ビノット……ああ、思い出した。そうだ、来たよ、確かに来た。彼は××号室に泊まって、一度何処《どこ》かに行って、又二、三日して戻って来たよ」

などと詳しい事を言うから驚いてしまった（後日ビノッドにメールで確かめたら、その通りだった）。

「良くそこまで覚えてるね」

「そりゃ、俺はここのマネージャーだからな。ここは俺が取り仕切ってるんだ」

どうも彼には一応、自分が仕事をしているんだ、という自覚はあるようだ。五分前に聞いた注文は忘れてしまうくせに。一体どういう頭の構造をしているんだろう。


宿を出るとき、お金を払おうと思ったらマネージャーのゴピジーは昼寝をしている。

ここには五、六人の従業員がいたが、風通しの良い廊下などで昼寝をしているのをよく見かけた。何と怠け者、と思っていたが実はそうではなかった。

彼等はここに住み込みとして働いているのだが、彼等には部屋はあてがわれていないのだ。だからレストランの仕事が全て終わって客が寝静まった後、その辺の廊下でゴロゴロ雑魚《ざこ》寝して、客が起き出す前に起きている。後は一日中働いていて自分の時間なんてないから、適当に暇を見つけて一休みしているのだ。彼等の勤務時間は、多分一日十八時間くらいあるだろう。それも別にここのオーナーが鬼というわけではなく、インドでは割と普通のことのようだ。

私は汽車の時間があるので、ゴピジーが目を覚ますのを待っているわけにはいかない。

オーナーに言ったら、水でも掛けて起こせ、というので起こしたら、ゴピジーはポーッとしている。全くいつもポーッとした人だ。

「ゴピジー。チェックアウト。精算してくれる？」

「うん……分かった」

と言ったきり又しばらくポーッとして、やっと起き上がったと思ったら顔なんか洗ってる。これですっきりしたかな、と思ったら今度は煙草を吸い始める。

「あのねえ！　こっちは荷物担いだまま待ってるんだけどね！」

「降ろせばいいだろ」

まぁ、それはそうだ。

やっと腰を上げたゴピジーはパラパラと宿帳をめくって、

「えーと、三日で四百五十ルピーね」

「はぁ？　なんで？　一日百ルピーって言わなかった？」

「だってあんたは一週間泊まるって言っただろう。百ルピーっていうのは一週間以上泊まったときの割引の値段。三日なら一日百五十ルピー」

この後に及んでまだボロうとする。インド人だから、とりあえず言ってみるのだ。相手が引っ掛かれば儲けもの。それとも遊んでいるつもりかな。

「あのねぇ。私はちゃんと初めから三日って言ったはずだけどね」

と抗議するとゴピジーは、今度はこの手は通じなかったか、とニヤリと笑うのだった。

全く最初から最後まで人を食った奴、だけど何故か憎めないおっさんである。

チェックアウトを済ませて、じゃまたね、と手を振って挨拶するとゴピジーはまたポーッとした様子で昼寝をしに戻って行った。

何のかんのあったけど、この町は良い所だった。いや、何のかんのあったから楽しかったのかな。

インドで退屈でつまらない日々を送るのは、日本で刺激的な日々を送るよりずっと難しいのである。ノープロブレム。

雲の上の人

蛇《じゃ》の道はへびというが、私がそこに行ったのは全くの偶然だった。

私はそんな場所のことは知らなかったし、知ってもあんまり興味を感じなかった。ただ旅の途中で知り合ったシャンティに誘われて行くことになっただけだ。

四千メートル近いその村を私は一泊だけで通過する予定だったのだが、体調を崩して二週間程寝込んでしまい、その時にシャンティと出会ったのだ。

シャンティはアイルランドの人で、インドがすっかり気に入って五年ビザを取り、シャンティというインド名まで貰ってインドの放浪生活を謳歌している元気一杯の人だった。

私と話すときはいつも正確な英語を使おうと気を使ってくれた。確か四十八才だと言っていたが三十代にしか見えない若々しさで、二十代のようなことを考えていた。

「お金はあるからね。ビザもあるし、ゆっくりしていていいのよ。まだ分からないのよねぇ、自分の進む道が。インドの男性と結婚してこのままここに住むのもいいかな、とか思うし、修行して尼さんになろうか、とも考えてるのよね」

五千メートル近くまで登るのだが、私は準備万端だった。私は私のお姉さんのような存在の加代ちゃんから、最高の登山靴を借りてきていた。

加代ちゃんのお父さんはもう亡くなっているのだが、山登りが好きだった人で、休みの日には、よくご夫婦で山に行かれていたらしい。

日本を出る前に、今回の旅はトレッキングが中心になる、と言うと、加代ちゃんはこのお父さんの形見の靴を迷わず貸してくれたのだ。

サイズはぴったりだった。だから百人力だった。私には登山の経験はほとんど無いが、この靴にはある。この靴が連れて行ってくれる。

この靴を履くといつも戦闘服を着た気持ちになった。靴紐を結んだ瞬間スイッチが入り、身体にエネルギーが漲《みなぎ》って足が前に進むのだ。

私はここに来る前にネパールでトレッキングに行っていた。ネパールのトレッキングコースは、その道沿いに点在する村を結ぶ主要道路でもあるから、よく整備されていて特に歩きにくいところはない。それでも私はこの靴のおかげで歩き通せたのだと思っている。

私は一人だったが一人ではなかった。歩いているのはこの靴だった。だからこの靴は私にとって、お四国を遍路して歩いた時の杖のような存在だった。

その他にも私は、お母さんに買ってもらった水晶、妹が編んでくれたセーター、加代ちゃん自身が作ってくれたお花のペンダントなどを身に付けていたから、もう完全武装だ。その上今回は一人じゃない。シャンティまでいる。

彼女が誘ったこの場所は、実は知る人ぞ知る瞑想のスポットだった。この場所を目指して、インド各地から熱心な人達が瞑想するためにやってくるらしい。

ネパールのトレッキングだと、コース上にはホットシャワーまで完備されたお洒落な宿がよりどりみどりにあるのだが、ここにはそんなものはない。だから洞窟に住んでいる行者のババのところに泊めてもらう。

私達がそのババの洞窟に着いた時、何人かの人達が輪になって日向ぼっこをしていた。

私の顔を見ると、にこにこしながら大声で、もしもし！ と言ったおじさんがこの洞窟のババだった。人懐《なつ》こい笑顔だった。私達の姿を見ただけで、この人はもう無条件に私達のことを歓迎してくれたのだ。

私の顔を見て、ババは日本人に違いないと思ったのだろう。そして多分彼が知っているたった一つの日本語の単語で、精一杯の歓迎をしてくれたのだ。

ボブマーレーのような見事なドレッドヘアを腰まで垂らした、西洋人の若い女の子が一人いた。彼女はこのババのお弟子さんで、サラスバティといった。彼女はにこにこしながらすぐに私達のために昼食を作ってくれた。

もう一人、お爺さんのババがいた。砂漠のラジャスタン地方から来て、ここに一週間ほど滞在しているということだ。他にもパンジャブ地方からやってきたインド人のグループ五、六人がいた。彼等もここに瞑想にやってきたのだ。

高地なので日が落ちると急に冷え込んでくる。昼間の、あの突き刺すような日差しは嘘のように消え去り、いきなり冬将軍の到来のような寒さに取って変わる。

そして夕食までのこの一時が、ここでの瞑想の時間のようだった。

この洞窟は広くて中には三つの部屋があり、瞑想室は一番奥にあった。そろそろ瞑想を始めよう、と皆中に入り始めたが、寒かったので私はその前にトイレに行っておこうと思ったのだ。

トイレはあの辺でしてね、と教えられた場所まで行かなくてはいけないのだが、なんせ高地なので息が切れる。すぐ近くなのに思ったより時間を食い、中に戻ったときにはもう全員奥の部屋で瞑想を始めていて、しーんと静まり返っているのだった。肩でぜーぜーと息をしていたので、息を整えるのにまた五分位はかかった。

中に入りたかった。

しかし中はどんな造りになっているのか分からないし、明かりは消してあるはずだ。様子が分からない真っ暗な中に一人遅れて入って行ってごそごそして、皆の邪魔をするわけにはいかない。もう彼等は全員瞑想にはいっている。ほんの少しの物音や空気の動きでも彼等の注意を逸らせてしまうだろう。

ああ、だけど、せっかくここまで来て。こんな機会は一生に何度もないのに、中で皆と一緒に瞑想できないのは残念だった。

シャンティが呼びに来てくれるのを願った。

でも来るわけはない。もう瞑想にはいっているから私のことなんか気が付いているはずがないし、たとえ気が付いていても、誰だってせっかくのこのチャンスを中断したくなんかないはず。

仕方がない。皆に迷惑をかけるわけにはいかないし、今回は縁がなかったんだろう。瞑想そのものができなくなったわけではないし、私は中に入るのは諦め、隣の部屋で一人で瞑想することにした。

ところが、蓮華座《れんげざ》を組んで二、三呼吸したその時だ。瞑想室の境のカーテンが開いて誰かが出て来た気配がしたので目を開けて見てみると、そこにサラスバティが立っていたのだ。

彼女はにこにこ笑って私を手招きし、中に入れて私の席を作ってくれた。

嬉しかった。こうして彼女のお陰で私も仲間にはいれたのだった。


サラスバティはババから瞑想を習うために、もうここに三年住んでいるという。この洞窟もババとサラスバティの二人で造ったものらしい。

ここは完全な天然の洞穴ではなく、斜面に付き出た大きな岩を利用して造ったものだった。足りないところに石を積み上げて、人工的に壁を造って人が住める洞穴にしてあるのだ。中の三つの部屋の仕切りの壁も石を積み上げて造ったものだった。

洞窟の少し下には川が流れていて、サラスバティはそこに毎日水汲みにいっていた。手伝おうとは思ったが、手ぶらで歩いていても動悸がするのだ。こんな高地でそんなに重い物を持って、とても斜面なんか歩けたものではない。しかし彼女は毎日こうやって暮らしているのだ。

水を運ぶのさえ大変な重労働のこの場所で、一体どうやって石を運んできて洞窟を造ったというのだ。

この川の水は冷たくて、私がいた一番暑い時期でも、顔を洗うとすぐに手も顔も真っ赤になって感覚がなくなってくるのだった。しかしサラスバティは冬でもこの川で水浴びをするという。考えただけで凍死しそうだ。

一体どうしてそんなことができるのだ。どうしてこんな若い女の子がそんなことやってるのだ。彼女に出会ったのは衝撃だった。こんな人が此の世にいるんだ。


山を下りてからも私はずーっと不思議だった。

どうしてあの時、サラスバティは私を呼びに来てくれたんだろう。

どうしてあの時、私が誰かが呼びに来てくれるのを待っていたことが分かったんだろう。

どうして瞑想を学ぶためにここにいる彼女が、その瞑想を中断してまで会ったばかりの私のことを考えていてくれたんだろう。

どうして当り前のようにあの時私の一番欲しかったものをくれたんだろう。

彼女はあのとき私の気持ちになってくれていたのだ。だから私の欲しかったものが分かったのだ。そしてそれをくれた。

でも、どうしてそんなことができるのだ。

彼女にとって一番大切なのは瞑想をすることのはずではないか。そのためにここにいるのだ。

なのにどうして大切でもない人のために自分の大切なものを投げ出すことができるのだ。

どうして自分のことより先に他人の幸福を望むことができるのだ。

一体どうして……。

サラスバティのお陰で私も皆の瞑想の輪の中に合流できた。そして、この時の瞑想は最高だった。確かにここの波動は凄い。

あらゆることが動いていて、そして同時に止まっていた。

いろんなことが起こっていたけど、何も起こっていなかった。

そこで何が起こっていても、本当は何も起こってはいないのだ。ただ、

いま　ここに　わたしが　いる

そしてそれだけだった。

その時、私は、唯一の永遠の実在だった。私こそが実在で、私こそが全ての全てだった。

私はずっとずっとそこに座っていたいと思った。


もう既に夕食が始まっていたので、私は瞑想を切り上げることにした。

瞑想室を出ると、ババがにこにこしながら私達客人の為にチャパティ（インドパン）を焼いてくれていた。粉を練って棒で平たく伸ばし、一枚一枚丁寧に焼いていく。

最高においしいチャパティだった。本当に、今まで食べた中で一番おいしいチャパティだった。

それは、おいしいものを食べさせてあげよう、というババの気持ちが形になって現れたものだっ

た。

皿の上にはチャパティ二、三枚とカレーがたっぷりと盛られていて、それを食べ終わるとサラスバティがどんどんお代わりを持って来た。

インドでは客が腹一杯になるまで何度でも、さあ食べろ、やれ食べろ、と景気良くバンバンお代わりをしてくれる。絶対に遠慮なんかはさせないのだ。

たらふく食べて、バス、バス（もういいよ）と言うと、ババは、バスはここには来ないよ、とおかしそうに言って自分であははと笑った。

それは、バスなんてないんだからそんなこと言っても駄目だよ、だからもっと食べろ、という意味の冗談なのだ。私は他の場所でも何回か言われたことがあったからちっともおかしくなかったのだが、ババがそういうおかしくもない冗談を受けると思って言って、自分で受けているのがおかしくて、私もげらげら笑った。

多分ババは旅人の私達の気持ちをほぐそうとか、明るい空気を作ろうとか、気を使ってこのジョークを言ったわけではない。ただ自分が気に入ってるので、言いたかったから言ったのだ。このジョークで人を笑わせることよりも、このジョークを言う度に自分でおかしくなるので自分で笑いたくて言ったのだ。そんな感じだった。

ババは明るい人で、何を話しているのか、よく老ババと大声で笑い合っていた。そして私が物を取って上げるとか、何かちょっとしたことをしてあげると、いつも大声で、サーンキュー！と言って笑った。

ババは力強い生命力に満ち溢れていて、いつも楽しそうにしていた。

今まで私が出会ったババは神妙に難しい顔をしていたり、威張っていたりしたのだが、彼にはそういうところは微塵《みじん》もなかった。ババだってある程度ビッグになれば、ワシはこんなに凄い、みたいなことを言い始める人は多いようなのだが、この人にはそういう偉ぶったところは全然なかった。説教じみたことも一度も言わなかった。

彼は自分を誤魔化そうとも飾ろうともしなかった。ただ、ありのままでそこにいた。ありのままの自分を肯定していたからだ。

だからこの人といると、たとえ私がどんな人間であっても、私のこともありのまま受け入れてくれるだろう、という安心があった。

ちょうど太陽がどんな人間の上にも何の区別無く、等しく光を与えてくれるように。

ババのそばにいると何もかもが許されて、身も心もとろけるような深い安らぎを感じるのだった。

彼はそのまんまでそこにいたので、まるで光がそこに座っているような感じだった。

ババの笑顔には、相手の心の中にわだかまっている黒いものを引き出して雲散霧消《うんさんむしょう》させてしまうような力があった。

ちょうど光に照らされればどんな闇でも消滅してしまうように。

彼は光そのもののようだった。

サラスバティは言った。

「私はババと暮らして三年になるけど、ババが元気のないところを一回も見たことがないのよ」

普通三年も生きていれば、その間に疲れたり、風邪を引いたり、何かを悩んだりするものだ。なのに彼は肉体的にも精神的にも常にパワー全開だという。

インド人の身体の強さは全く驚くところだが、ババもこの夜の寒さの中、夏服にぺらっとしたショール一枚ひっかけ、足は裸足のままなのだ。

この人の心の中には、怒りや不安や悲しみや、そういう否定的なものが全く無いのだろう。私達から力を奪っていくのは、そういう否定のエネルギーだ。

彼は世界を肯定し、人生を肯定し、自分も相手も肯定し、全てを肯定して、過去のことも未来のことも何一つ思い煩《わずら》わず、常に、今、ここにいる。今ここを肯定しているから、光に包まれて、常にフルパワーでいられるのだ。いや、彼自身が光そのものの存在なのだ。


客人達が食事を終え、布団を敷いて寝始めた頃、彼等は神様にお祈りの儀式を始めた。私も、この二人だけのおごそかな礼拝に参加させてもらうことにした。そして儀式が終わり、客人達が寝息を立て出した頃、彼等は即席ラーメンを作って食べ始めた。

私は自分が食べるのに夢中だったから気が付かなかったのだが、彼等はまだ食べていなかったのだ。そうだ、考えてみればババはずっとチャパティを焼いていたし、サラスバティは給仕をして忙しく働いていた。二人とも自分が食べる暇はなかったのだ。

しかも私達が予想以上に食べてしまったので、彼等の分は残ってなかったのだ。多分こういう非常食用にラーメンを用意しているのだろう。

山の上ではラーメンは手軽に作れるファーストフードとして重宝されているようで、峠の茶屋のメニューにもある。

彼等は一言も言わずにここにこして客に腹一杯食べさせ、自分達はラーメンで我慢しているのだ。しかもそのラーメンさえ自分たちが手を付ける前に、私に、食べるか、と勧めてくれた。

もしかしたら彼等は私達にもっと食べろ食べろと勧めながら、思いのほか早くなっていくチャパティを横目に、内心、自分の分が無くなる、と冷や冷やしていたのか。食べろと言ったのは口先だけで、本音は食べるなだったのか。まさかそんなことはないだろう。私じゃないんだから。

ババの表情や仕草には、全く嘘というものが感じられなかった。彼は全くそのまんまでそこにいた。

彼は見栄とか、媚《こび》とか、打算とか、そういう歪んだ服を一切着ていなかったので、心の中にあるものが何のフィルターも通さずに、そのまま直結で表に出てくるのだ。だから、この人は絶対に嘘なんかつかないんだろうと思った。

ババは本当に自分のチャパティで客を腹一杯にさせてあげたかったのだ。彼は満足するまで食べて欲しいと、心から思っていたのだ。

サラスバティは言った。

「ババはいつも瞑想してる。雨季が終わった頃、ここは野原一面に花が咲いて、それは綺麗よ。

そういう時には私は瞑想するより外に出ていたい。私はまだまだ人生にこんな喜びが欲しいけど、ババはそんなときでも中にこもって瞑想ばかりしてる。冬の寒い時でも毎朝三時には起きて瞑想してる」

神様に到達することだけを考えて生きている人。

こんな人が本当にこの世にいるんだ。

衝撃的だった。本で読んだりしてそういう人が存在するということは知識としては知っていたが、まさか本当に存在しているなんて。

もう一人ここにいた老ババはラジャスタンから流れて来たという。聖地巡りをしているのだろう。ここにはもう一週間滞在しているらしい。

ここへの道は石がごろごろしただけの道も何もないところで、しかも石は直径が一メートルはありそうな大きな物でも、足を乗せるとグラッと動くことがあった。そういう石に足を乗せて、足元がガラガラと崩れて岩の割れ目の底に落ちそうになったこともあった。

岩の下は氷で、その氷が解け始めているので極めて不安定な状態にあるらしい。クレバスというものも初めて見た。

しかも最後の二時間は四十五度以上はありそうな急な上りで、下から見上げたときには、今からここを登るのか、とほとんど絶望的な気持ちになったほどだ。登り始めてみるとほんの数歩歩いただけで息が切れ、しかも足元の石がガラガラ壊れるので、ひどく恐かった。

完全武装した若い私でさえやっとの思いで登って来たのに、この老ババは裸足だった。しかも彼は足が悪いのか、年のせいなのか、杖をついてやっとよろよろと歩いていた。そういう人が一体どうやってこんな山の奥までやって来たんだろう。

この老ババは毎日聖典を読んで過ごしていた。晴れた時には外に座って読み、日が暮れたら中に入って瞑想した。他のことにはなんにも関心がないようだった。

私がカメラを持っているのを見ると、ここの美しい景色を家族にも見せたいから、ここにいるワシの写真を撮って家に送ってくれ、とババは私に頼んだ。彼にも家族がいるのだ。しかし、いつか旅を終えて家族の元に帰り、この聖地巡りの時のことを話して聞かせようなどと思っている様子はなかった。

彼はこの旅の途中、どこかで野垂れ死にをする積もりなのだろう。それこそが彼の望みではないのだろうか。そういう感じがしたのだ。

ババと老ババ、サラスバティとシャンティと私の五人で、時間は平和に過ぎていった。

シャンティはレイキのマスターで、国にはクリニックを持っているということだ。彼女はたまにサラスバティにレイキの治療をしてあげていた。彼女にはそういうパワーがあるのだろう。手をかざすとその人の悪いところが分かって自然に手が動くのだと言っていた。

晴れた日の昼間はどこまでも散歩に行きたいような陽気で、目の前に突き出た、絵のような高い山々にかかる雲を眺めて過ごした。真っ青な空に浮かんだモコモコとした雲は形を変えながら動いていて、手を伸ばすとふわりと摑めそうだった。

そして夜の星空は、悲しくなるくらい美しいのだった。


一度サラスバティの秘密の湖に連れて行ってもらったことがある。そこに行くには浅い川を横切らなければならないのだが、シャンティの靴は履いたまま渡るには高さが足りない。するとサラスバティはすぐに自分の長靴を脱いでシャンティに貸してあげ、自分は裸足になった。

「大丈夫。私は慣れてるから、そんなに冷たくないのよ」

と言って。

それは、シャンティに遠慮や恐縮をさせる暇を与えない素早さとさりげなさだった。シャンティは川の前で、裸足になるのは嫌だな、と一瞬躊躇《ちゅうちょ》したに違いないのだ。

湖は真っ青に透き通っていて、洞窟の下を流れている川よりは幾分温かい。でこぼことした岩場のくぼみにあるその小さい湖は、わざわざそこへ来ないと周りからは見えず、まさに美しい秘密の場所という感じだった。

「ね、ここの場所いいでしょう。ここの水は温かいから、私は時々ここまで来て水浴びするのよ」

事もなげに言うが、いくら温かいと言っても私には靴を脱いで足を浸《つ》けてみる勇気さえありそうにない。

こんな高地には木は一本も生えていないから、薪は下から運んでもらっているらしい。冬の寒さがどれくらいなのか私には想像もできないが、薪は貴重品だから贅沢に使うことはできないだろう。日本でも寒中水泳などの行事はあるが、ここでは水浴びした後、存分に火に当って身体を暖められるわけではないのだ。

彼女はこんな誰にも真似できないような生活をしていて、それでもちっとも自分が凄いことをしているとは思っていないようだ。

「ねぇ、よくできるね、そんなこと。寒くないの」

「そりゃあ寒いわよ。もう寒くて寒くて泣きそうよ」

彼女もババと同じ様に、実に正直なのだった。

サラスバティは三年前にこの場所の噂を聞いた時、自分が行くべき所はそこだと直感したそうである。

「それは真冬だったの。だから今からあの山に登るって言ったときには、周りの人みんなから気違いだって言われた。いくら何でも行けるわけがない、自殺行為だって。だけど私は知っていたの。自分はそこへ行けるって、わかっていたのよ」

そしてその通り、彼女はここへ来たのだ。

食事の世話や細々とした雑用は殆どサラスバティが一手に引き受けているようで、彼女はいつも忙しく働いていた。朝食が終わって洗いものを済ませると、今度はすぐに私達のための昼食の準備を始めるといった具合で、休む間もない。

お米は中に混ざっている悪いものや石を丁寧に選り分けていた。彼女は決して手抜きをしようとしなかった。

彼女は心から私達をもてなしてくれた。

何か飲みたいなぁ、と思ったときにはお茶が出てきた。ドライフルーツやナッツなどの保存食も、私達のために惜しげも無く振る舞ってくれた。

水汲みは重労働だし、保存食は貴重品のはずだ。しかし彼女は決して出し惜しみをしようとしなかった。

一人でくるくる忙しく働いて、といって私達が手伝うのを期待している様子もなかった。

彼女はただ与えることだけを考えていた。

私が寒そうにしているとすぐに毛布を持ってきてくれたし、シャンティが足が冷えて眠れないと言えば湯たんぽを用意してくれた。彼女は自分のことは全て後回しにして、どうやったら私達を気持ち良くしてあげられるか、ということを第一に考えている様だった。自分にできる限りのことを相手にしてあげたいと思っているようだった。

彼女は私達に必要なものは全て与えようとしてくれた。与えられるものは全て与えようとしてくれたのだ。

彼女はまるで女神のような人だった。こんな人に出会ったのは初めてだ。

こんなに美しい人が此の世にいるなんて。

「ここの生活は大変だけど、私はできたらずっとここで暮らしたい。私はババが大好き。ババと一緒にいると嬉しいのよ」

彼女はそう言ったが、私はババのお弟子さんの、そのサラスバティといるときでさえ嬉しかった。この人のそばにいることが、ただ嬉しくてたまらないのだった。


雨季がもう目前に迫っていた。私とシャンティは雨が降り出す前に山を降りることにした。最初の急な下りが心配だったが、「私の家の近くにもこんな岩場があって、慣れてるから」と言って、シャンティがずっとリードしてくれた。

山を下りると私達は空気を吸った。うわー、空気だ。空気の有難さを実感したのは初めてのことだった。

もう一つ下の村に下りた時、今度はオムレツを食べにいった。シャンティが「卵食べたくない？」と言ったので、しばらく卵を食べていないのを思い出したのだ。

次の町まで下りたとき、今度はマンゴーに走った。果物はここまで下りて来ないと無い。

そして一番下の町まで下りた時にはインターネット屋に駆け込んだ。

ああ、やっぱり私はこの豊かで便利な下界を離れられそうにない。下まで下りて来て、遥か彼方にそびえる山々を見ても、もう今まで自分がそこにいたということさえ信じられない。

あの雲の向こうにあの二人がいる。もはや彼等は私達の手の届かない、文字通り雲の上の人になってしまった。

「すごいよね、サラスバティ。あんな綺麗な人が此の世にいるんだね」

「うん。そうね。彼女は全て与えようとしてくれたよね」

「うん。ほんとね」

シャンティにとっても、彼女との出会いは衝撃的だったようだ。

「行って良かったね」

「ほんとにね」

シャンティ、連れて行ってくれて有難う。

加代ちゃん、靴を貸してくれて有難う。


考えれば考えるほど不思議だった。

もしも体調を壊さなければ、あの山の麓の村を私は一泊だけで通過していたはずである。そしたらシャンティには出会っていない。

彼女が私を誘ったことも不思議だ。

ツーリストは他にもいたから、彼女にしてみれば別に私でなくても他の誰でもよかったはずなのだ。だけど彼女はどういうわけか私を熱心に誘った。

更に、私は一人で動く方が好きなので普段ならあまり気乗りはしないはずなのに、この時はどうして一緒に行く気になったのだろう。

偶然に偶然が重なって私はそこへ行くことになったのだ。

加代ちゃんが靴を貸してくれたのも不思議だ。私は軽いスニーカーか何かで来るつもりだったのに、どうしてこんなに良い靴が与えられたのだろうか。もしもこの靴を履いていなかったら、その高度を聞いただけで私は躊躇《ちゅうちょ》したに違いないのだ。

更に後から考えると、四千メートル近くある麓の村で二週間も足止めを食ったのは、高度に慣れる為だったに違いない。もしもいきなり下から登って行ったりしたら高山病になって途中で下りてきたか、高山病にならないまでも、とても瞑想なんてできたものではなかっただろう。

これは余りに出来過ぎである。ここまで偶然が重なるわけはない。こんなことはあり得ない。私にはもう、誰かが導いてくれていたとしか思えないのだ。

この靴はここに来るために与えられた。シャンティは私を待っていたのだし、私は彼女に会うために病気になったのだ。

ここに来たのは偶然ではない。私はここに来ることになっていたんだ。だから神様は全て手配してくれていた。

自分の頭で考えて計画しなくても、行くべき所には必ず行ける。会うべき人には必ず会える。行くことになっている所には人間の知恵を超えた神様の力が働いて、宇宙の全てが私をそこへ連れていくために回転し、あらかじめ必要なものを準備し、配置し、病気さえも引き起こすのだ。

自分の力で行ける所なんて、何処にも無いんだ。

息を切らして登り詰めたそこは目を見張るような美しさだった。

何処までも平野が広がり、周りは三百六十度、雪を頂いた白い山に囲まれていた。

シャンティは、天国みたいな所らしいから行こうよ、と私を誘ったが、正に天国のような所だった。


今でもあれは夢だったのではないかと思う。

あのババとサラスバティは今もあの洞窟で瞑想しているのだろうか。あの人達は本当に存在していたのだろうか。

だけど私の手の中には、帰り際にサラスバティからプレゼントされた数珠がある。

彼等は確かにあそこにいたし、私は確かにあそこへ行って、あの現実離れした人達と一緒に過ごしたのだ。

仙人って本当にいたんだ。

私は私の宝物となった彼女の数珠を触る度に、彼等がくれたキラキラ光るものを思い出して、また透き通った感動に包まれるのだ。

最後にちょっと

インドは広い。そして深い。

だから壁の小さな隙間から、広い世界の中の限られた範囲をちょっと覗いて見ただけのような私に、インドが語れるとは思っていない。どこを切っても大体同じの金太郎飴のような日本と違って、インドは余りに多様なのだ。

インドというジグゾーパズルの、私が拾い集めたのがたまたま赤いピースばかりだったからと言って、インドは赤い国だ、と言うことは出来ないのだ。だから私がインドはこうだ、というときは私の体験したインドはということだし、インド人はこうだ、というときは私の出会ったインド人は、ということに過ぎない。

もしも私が大都会のムンバイでエリートの家庭にホームステイしていたり、ハイテク都市バンガロールで会社に勤めていたりしたら、又全然違うインドが見えてくるのだろう。

ただ、拾い集めたピースが赤ばかりだったとしても、インドにはまだまだ白や黒や青や他の色がありそうだ、いや、それどころか、ひょっとして金色や透明なんてのも出てくるかもしれない、という感じがビンビンするのだ。そして次にはどんな色が出てくるのかな、というのが楽しくてワクワクするから、又インドに行ってしまうのかもしれない。

十人の旅行者がいれば十の違ったインドがある。拾い集めるピースは全員違う。そして何を拾うかはその人次第なのだ。だから私も、ただそんな中の一人。私の拾ったピースを繋ぎ合わせてみたらこんなインドが見えてきた。そしてそんなインドを旅してこんなふうに感じた人もいる、ということが言えるだけ。こうだと語れない国、それがインドなのだ。

ただ私が旅したインドは楽しくて、それを皆に教えてあげたかった。だからこの本を読んだ人が、少しだけ楽しくなってくれたらいいなって思う。

インドはまだまだ広くて深い。それでは、続編の『インド――やっぱりノープロブレムへの旅』をお楽しみに……。

ひのもと由利子

福岡生まれ。
18才の時に渡英し、以後、通算7年間
で20数ヶ国を旅浪する。

インド　ノープロブレムへの旅

二〇〇四年三月二十八日初版第一刷印刷
二〇〇四年四月二十四日初版第一刷発行

著　者　ひのもと由利子
発行者　福　元　満　治
発行所　石　風　社
福岡市中央区渡辺通二―三―二四　〒810-0004
電　話　〇九二（七一四）四八三八
ファクス　〇九二（七二五）三四四〇

印　刷　九州電算株式会社
製　本　篠原製本株式会社